Hermann Thiersch
**Pro Samothrake**

SE**V**ERUS
Verlag

**Thiersch, Hermann:** Pro Samothrake
**Hamburg, SEVERUS Verlag 2011.**
**Nachdruck der Originalausgabe von 1931.**


ISBN: 978-3-86347-041-8
Druck: SEVERUS Verlag, Hamburg 2011

Der SEVERUS Verlag ist ein Imprint der Diplomica Verlag GmbH.

**Bibliografische Information der Deutschen Nationalbibliothek:**
Die Deutsche Nationalbibliothek verzeichnet diese Publikation in der
Deutschen Nationalbibliografie; detaillierte bibliografische Daten sind
im Internet über http://dnb.d-nb.de abrufbar.

SEVERUS
verlag

Was seit den beiden durch Alexander Conze im großen
Stil angelegten und einschließlich der Publikation so glücklich durchgeführten Expeditionen von 1873 und 1875 auf
Samothrake archäologisch bis heute unternommen worden
ist, leidet in hohem Maß an Unzulänglichkeit. Dies gilt leider auch von den letzten 1923—1927 ausgeführten franzö-
sisch-tschechoslowakischen Grabungen, soweit man nach dem
bisher erschienenen Bericht urteilen kann, und so dankbar
das eine wichtige, darin bekanntgegebene Ergebnis zu be-
grüßen ist.[1] Conze selbst noch hatte deutlich zu erkennen gegeben, daß im Temenos der, großen Götter' dort noch manches
zu tun sei. Eine systematische, restlose Durchforschung des
heiligen Bezirkes mit dem Spaten, die Vorlegung sämtlicher
noch unveröffentlichten Fundstücke von dort in einer abschließenden Publikation mit neuen Plänen, Rissen, Schnit-
ten und verbesserten Rekonstruktionsversuchen, die Ver-
arbeitung des gesamten Materials mit den zu ziehenden,
kultur- und religionsgeschichtlich so wichtigen Schlüssen ist
eine Aufgabe der Zukunft, anziehend und lohnend zugleich. Sie anzuregen als eine noch einzulösende Ehren-
pflicht, die kaum jemand Österreich wird streitig machen
wollen, ist der Zweck dieser Darlegung.

Vom architektonischen Bestand des samothrakischen Heiligtums darf folgendes als gesichert gelten:

Vorhellenistisch, in seinen bescheidenen Anfängen vielleicht noch aus dem späten 6. Jahrhundert[2] stammend, im

* Der Aufsatz gibt den Hauptinhalt eines auf der 57. Versammlung
deutscher Philologen und Schulmänner am 26. September 1929 in
Salzburg gehaltenen Vortrages wieder.
[1] Die sehr vorläufigen Berichte: B. C. H. 1923, 540/1; 1924, 503/4;
1925, 245 ff.; 1926, 567; 1927, 490 ff. Vgl. Arch. Anz. 1927, 393.
[2] Auch O. Kern bei P(auly)-W(issowa, Realenzyklopädie) X, 1425 bezeichnet den älteren Tempel als sicher noch dem 6. Jahrhundert an-

zweiten Viertel des 4. Jhs. als ein Bau ionischen Stils in
Marmor erneuert und reich einst in seiner dekorativ-liebe-
vollen Ausstattung, ist allein der leider arg zerstörte alte
Tempel aus Kalktuff. Erneuert also in einer Zeit, da Athen
als Haupt des ersten und zweiten Seebundes eine politische
Obhut über Samothrake ausübte, darf man diesem immer
noch bescheiden kleinen Tempel kaum [3] die skopasische
Kultgruppe zuteilen, welche, an sich dem Zeitgeschmack
des 4. Jahrhunderts folgend, das naturhafte Wesen der

gehörend. Dafür spricht die einzige sicher erhaltene Werkform des
sonst ganz zerstörten Baues: das intensiv rot und blau bemalte Tuff-
Geison, von dem zwei nach Wien gebrachte Bruchstücke (Unters. auf
Samothrake II, S. 22) von Al. Hauser erwähnt und ebenda, Taf. VIII,
1—2, abgebildet sind. Diese bisher ältesten architektonischen Zier-
glieder im samothrakischen Temenos wurden aus der Tiefe unter
dem Marmorfußboden des jüngeren Baues hervorgezogen (vgl. auch
S. 15), — wo offenbar noch mehr Reste des älteren Baues zu finden
wären! Die Altertümlichkeit liegt einmal in der Tatsache, daß die
Traufkante noch gar keine Unterscheidung, keine Wassernase hat;
dann in den besonders eingesetzten und noch ganz zylindrisch geformten Guttae. Diese Formung war technisch einfacher — die
‚Tropfen' waren natürlich auch aus Tuff und nicht aus Metall, wie
Hauser (S. 22) meinte — als die spätere, die sie konisch, nach unten
breiter werdend, aus dem Geisonblock selbst mit herausarbeitete.
Die Anordnung der Guttae hingegen in d r e i Sechserreihen weist
schon mehr auf das Ende der archaischen Zeit; vorher gab es deren
nur zwei Reihen, und die Zahl in jeder Reihe schwankte zwischen 2
und 5 Tropfen. Vgl. C. Weickert, Typen der archaischen Architektur,
S. 98, 130, 183. Am verwandtesten scheinen den samothrakischen
Fragmenten die entsprechenden Bruchstücke der kleineren spät-
archaischen Bauten auf der Akropolis zu Athen (Th. Wiegand, Arch.
Porosarchitektur, S. 159 Abb. 151, S. 164 Abb. 159, S. 167 Abb. 164,
S. 170 Abb. 170). Doch fehlt dort, im Gegensatz zu Samothrake,
nirgends eine, wenn auch noch so bescheidene, als schmale Stufe am
unteren Traufrand eingeschnittene Traufnase. In Samothrake mußte
eben manches lokal vereinfacht werden — wie immer an so ab-
gelegenen Baustellen — aus Mangel an geübten Werkleuten.

[3] Natürlich wird es noch andere Tempel anderer Gottheiten auch in
der östlich vom Heiligtum liegenden S t a d t Samothrake gegeben
haben; aber eine Gestalt wie ‚Pothos' würde doch auch in den Be-
reich der ‚Großen Götter' passen.

alten Kabiren ins Erotisch-Sinnliche umgestaltet hätte: als Aphrodite und Pothos.[4]

Darauf folgt in einem Abstand von rund zwei Jahrhunderten gleich der R u n d b a u d e r A r s i n o ë noch aus dem 1. oder 2. Jahrzehnt des 3. Jahrhunderts, als die Fürstin noch die Gattin des Lysimachos, also Königin des gegenüberliegenden Thrakien war (299—281). Anders läßt es die von Wilamowitz zuerst richtig ergänzte Inschrift[5] nicht zu. Der Bau ist also entstanden, schon b e v o r Arsinoë vor ihrem zweiten Gatten, Ptolemaios Keraunos, als dem Mörder ihrer Kinder hierher floh, also vor 280. Mit Unrecht hat man ihn früher mit diesem Ereignis erst in Zusammenhang gebracht. Daß die stattliche, eigenartige, ganz geschlossene Marmortrommel mit ihrem Kegeldach den nächtlichen Mysterienfeiern der geheimnisvollen Einweihungs-Zeremonien in ihrem Innern gedient hat, ist längst richtig vermutet worden und konnte schon die ganz auffallend große Menge weggeworfener Tonlämpchen und -gefäße unmittelbar neben der Eingangstür außen erraten lassen, die körbevoll hier aufgelesen und weggebracht worden sind.[6] Das

---

[4] Eine künstlerische Umsetzung der alten Kabiren vermutete in der skopasischen Gruppe schon Lenormant (bei Daremberg et Saglio I, 2 s. v. Cabiri, p. 761). Auch O. Crusius, Fleckeisens Jahrb. 1881, 280 und Progr. der Thomasschule in Leipzig (Beiträge zur griech. Mythologie u. Relig.-Geschichte, S. 15) vermutete in dem Pothos eine Veredelung des alten ithyphallischen Gottes.

[5] Arch. Zeitung 1876, 174; Conze, Unters. II, 121. I. G. XII, 8, 227. — Vgl. O. Kern, Nordgriech. Skizzen, S. 78 ff.

[6] Conze, Unters. I, S. 8 u. 9. — Auf dem mehrfach erörterten Totenmahlrelief des Attalos, Asklepiades' Sohn, aus Kyzikos im Louvre (Ö. J. H. 1902, 191 ff.) soll das von der kleinen Dienerin herbeigetragene Modell des samothrakischen Arsinoeions — für deren Herrin — sicher nichts weiter besagen als: ich gehöre zu denen, die die Weihen auf der hl. Insel empfangen haben und werde es darum gut haben auch im Jenseits. Daß die kyzikenische Dame Priesterin der großen Götter war, ist vielleicht ein schon zu weitgehender Schluß. Doch müssen gerade die Frauen hervorragend an den Weihen dort beteiligt gewesen sein, wie vordem von der

noch jungen Olympias erzählt wird und wie auch aus den archaistischen Friesstücken mit dem Reigen tanzender Frauen hervorgeht.
Ed. Schmidt, Archaistische Kunst, S. 39—40, hat zuerst erkannt, daß diese nur 33 cm hohen, mit ihrem zarten Relief auf
Betrachtung aus der Nähe angelegten Friesplatten nur dem jüngeren
Marmortempel angehört haben können. Schmidt dachte an eine
reliefierte Balustrade rings um die ‚Opfergrube' in der Zella-Apsis,
ohne die solcher Erklärung entgegenstehenden Schwierigkeiten recht
überwinden zu können. Sollten diese zahlreichen Platten mit ihrem
Falz unten nicht vielmehr die niedrigen Schranken gebildet haben,
welche inmitten der Zella eine Art Mittelschiff herstellten und so
dem Grundriß den bekannten ‚basilikalen' Charakter gaben? Näm-
lich befestigt auf oder an den beiden parallelen, oben ganz gleich-
mäßig hoch (37 cm) abgeglichenen Längsmauern, zwischen denen
— ebensowenig wie im Pronaos und in den Seitenschiffen —
kein Pflaster vorhanden war, sondern lediglich Erdboden (Unters. I,
Taf. XI, 59, II, 29). Eine innere Säulenstellung haben diese Längsmauern nicht getragen, niemand hat auch solche hier jemals im
Ernst vermutet. Wozu aber dienten sie dann?

Abtrennung eines Teiles des Innenraumes durch Schranken
kennen wir gerade aus Mysterientempeln, wo geheimnisvolles Fern-
halten durch ein sakrales Gehege kultlich üblich war. Im Sekos
des Tempels der Despoina zu Lykosura in Arkadien, den schon
Conze als Analogie für Samothrake herangezogen hat (Unters. II,
26 ff.), haben die Ausgrabungen seither tatsächlich eine trennende
Schranke quer vor dem Kultbild und hinter dem mosaikgepflaster-
ten Andachtsraum ergeben (Praktika 1896, p. 111, pin. 1—2). Im
samothrakischen Marmortempel selbst hat schon Hauser (I, 53 ff.)
unmittelbar hinter der Zellatür die unverkennbaren Spuren einer
schrankenartigen Vergitterung festgestellt, welche es ermöglichte,
vom geräumigen Pronaos aus durch die weitgeöffnete Doppeltür
der Zella der harrenden Menge einen Einblick in die Zella zu
gewähren (a. a. O. 54, 57), auch ohne daß es gestattet war, sie selbst
zu betreten. Stufenweise vollzog sich offenbar die Zulassung zum
Allerheiligsten hinten in der Apsis.

Waren Pronaos und Zella von Anfang an ungepflastert, so
mußte das seinen rituellen Grund haben. Bei so stark chthonischen
Gottheiten, wie diesen samothrakischen, war die unmittelbare Be-
rührung mit dem Erdboden von größter Bedeutung. Es ließe sich
an Inkubationsschlaf direkt auf geweihter Mutter Erde denken,
wenn — was aber nicht der Fall ist — solcher Ritus für Samothrake bezeugt wäre; sonst an barfüßige Tänze, wie sie eben
unsere archaistischen Friese zeigen, und wie sie sicher auch im
Rundbau der Arsinoë getanzt worden sind, wo gleichfalls — gewiß

Arsinoeion ist wirklich das T e l e s t e r i o n für die δρώμενα [6a]
von Samothrake gewesen.

Auf dem ungepflasterten, nur festgestampften Erd-
estrich seiner Rotunde werden die dröhnenden und waffen-
klirrenden Rundtänze der samothrakischen Saoi getobt haben
zum aufregend schrillen Pfeifen der Flöten und dem
dumpfen Ton der Tympana. Die Kreter dachten dabei mit
Recht an die verwandten Kureten, die Kleinasiaten an ihre

nicht willkürlich — ein Steinpflaster fehlt. Niemann (I, 85) stellte
mit Erstaunen dort fest: ‚Keine Spur eines Fußbodens fand sich vor.'
Also auch inmitten der Tempelzella ein heiliger Tanzboden,
dessen prozessionsartig feierlichen Kultreigen die Andächtigen von
den schmalen Seitengängen aus und durch die geöffnete Tür vom
Pronaos aus über die niedrigen Schranken hinweg zusehen durften?
Und daher auch dann das Thema der Reliefdarstellung auf diesen
Schranken selbst? Fand hier eine dramatische Tanzdarstellung
des angstvollen Suchens der verschwundenen ‚Kora' statt? Oder
gab es hier rituelle Wiederholungen des nach Samothrake ver-
legten, zur Hochzeit des ‚Kadmos' und der ‚Harmonia' aufgeführten
mythischen Reigens, bei dem nach Diodor (V, 49, 1) gerade auch
Kymbala und Tympana eine Rolle spielten? (O. Rubensohn, Die
Mysterienheiligtümer in Eleusis und Samothrake, S. 133.) Und mutet
dieser Aufmarsch der Tänzerinnen nicht an wie ein, wenn auch auf
die Frauenwelt allein angewandter, Nachklang jener Prozessionen
der Felsreliefs von Jazylykaya — ins Assyrische abgewandelt bei
Maltaja (Ed. Meyer, Reich und Kultur der Chetiter, S. 85 ff.) —,
die das uralte Frühlingsfest der vorgriechischen Bevölkerungsschicht
dort darstellen, und bei dem zweifellos auch das Motiv des ἱερὸς
γάμος nicht fehlte? Die Wurzeln des samothrakischen Kults reichen
ja in ebenso hohe Zeit hinauf, und dieser selbst ist immer als verwandt den kleinasiatisch-phrygischen Analogien angesehen worden.
Die Herkunft der Kabiren aus Phrygien bezeugte ja schon das Alter-
tum selbst. Vgl. O. Kern bei P. W. X, 1401 ff. Auch im Giebelfeld des
samothrakischen Tempels werden es Gestalten seiner religiösen Welt
gewesen sein: auf den phrygischen Felsreliefs wandeln und stehen
diese Numina auf den Spitzen der Berge, hier lagern sie, dem
jüngeren Darstellungsstil entsprechend, lässig auf Felsen, sitzen
auf ihnen oder eilen zwischen solchen hin und her. Und welche
anderen göttlichen Wesen als eben der vielgliedrige Chor der
Kabiren und Kabirinnen sollten in diesem Giebelfeld dargestellt
gewesen sein?

[6a] Vgl. O. Kern, Die griech. Mysterien der klass. Zeit, S. 38.

Korybanten, die Römer an ihre heimischen Salier,[7] wie wir
Heutigen uns an die wilden Tänze der Derwische in ihrem
Tekke erinnert fühlen. Es war ein sehr verständiger Gedanke — die samothrakische Priesterschaft wird ihn der Munifizenz der
jungen Fürstin[8] als das damals allerdringendste Desiderat
(ein Tempel bestand ja schon) nahegelegt haben —, gerade
für den geheimnisvollen Eröffnungsakt des bis in die christliche Zeit hinein jeweils im Hochsommer stattfindenden
Festes als Allererstes einen so eindrucksvoll geschlossenen
architektonischen Rahmen zu schaffen.

Niemanns Rekonstruktion des Baues — es war einer
seiner frühesten Versuche auf diesem Gebiete — bedarf
einer gründlichen Revision. Daß er selbst später manches
anders dargestellt hätte, daß das Zeltdach in steilerer Kurve
nach oben geführt und ganz geschlossen gewesen sein muß,
also k e i n Oberlicht besaß, daß hingegen seitliches Oberlicht
zwischen den korinthischen Halbsäulen — wenigstens hin
und wieder — vorgesehen und am unteren Teil der Wandung
innen irgendwie umlaufende Sitzgelegenheiten in Holz da-
gewesen sein müssen, habe ich schon vor Jahren dargelegt.[9]

Es folgen drei weitere Marmorbauten, wiederum sämt-
lich Stiftungen der Ptolemäer. So, inschriftlich gesichert,
der reiche doppelstirnige T o r b a u, der im hohen massiven
Unterbau einen Bach überbrückend den Eingang von der
Stadt her bildete, und der stattliche d o r i s c h e  M a r m o r-
t e m p e l, der den nur halb so langen alten ‚athenischen‘
Bau dicht neben sich nun ersetzen sollte. Daß auch dieser
Marmortempel ebenso wie das Propylon von Ptolemaios
Philadelphos, dem dritten Gatten der Arsinoë, gestiftet ist,
daß er genau dieselbe Weihinschrift auf seinem Architrav

---

[7] Vgl. Serv. ad Aen. II, 235; VIII, 285. — Lenormant a. a. O. 767.

[8] Lysimachos selbst war als geizig bekannt (Aristod. frg. 11: Müller,
F. H. G. III, 310). Von ihm, dem äußerst Sparsamen, waren Stiftungen solcher Art gewiß nicht zu erwarten; seine geistigen Inter-
essen lagen mehr auf philosophischem Gebiet. Vgl. F. Geyer bei
P. W. XIV (1928), Sp. 29—30.

[9] Zeitschr. f. Gesch. d. Architektur, Jahrg. II (1908/09), S. 88 ff.

trug wie das eben genannte Prunktor, ist eine sehr er-
wünschte Bereicherung unserer Kenntnisse, die wir der
tschechoslowakisch-französischen Untersuchung verdanken.[10]
Daß die beiden Bauten bei aller Verschiedenheit des
dorischen und ionischen Stils im Technischen vollkommen
übereinstimmen, konnte man vorher schon sehen. Wir dürfen
sie jetzt beide um 260 vor Chr. ansetzen, wobei der Tempel
als der wichtigere Bau vielleicht nur wenig vorangegangen
sein wird.[11]

Der dritte, stilistisch wieder damit übereinstimmende
Marmorbau wurde auf der tiefer liegenden Terrasse im N., wo
die österreichische Kampagne einst ihre Zelte aufgeschlagen
hatte, in freilich stark verbautem Zustande gefunden.[12]
Seine genaue Aufnahme und Veröffentlichung — die den
noch fehlenden Tempel der Kybele[13] ergeben müßte! — ist
dringend zu wünschen. Einstweilen hat man nur erfahren,
daß es sich um einen tempelartigen Grundriß mit Pronaos
und Opisthodom von $55 \times 24$ m aus dem 3. Jahrhundert
vor Chr. handelt, in seinen Formen den Ptolemäerbauten aufs
allernächste verwandt.

In derselben Gegend, abgestürzt in die Wildbach-
schlucht, hatte schon Conze ein ionisches Architravstück
eines kleineren Marmorbaues gefunden, das stilistisch

---

[10] A. Salač in B. C. H. 1925, 245 ff. Er grenzt die Bauzeit auf 270 bis
247 v. Chr. ein. — C. Weickert, Das lesbische Kymation, S. 80/1,
kommt auf Grund der Einzelanalyse der Zierformen zu keinem
eindeutigen Ergebnis in der Frage, ob Tempel oder Torbau früher
anzusetzen sei. Er hält keinen Stucküberzug für möglich.

[11] Auch O. Rubensohn, ‚Die Mysterienheiligtümer in Eleusis und
Samothrake‘ (S. 147), weist darauf hin, daß die Erbauung des Pro-
pylons der Abschluß der Installierung eines antiken Heiligtums zu
sein pflegt.

[12] Vgl. B. C. H. 1923, 540; 1927, 490.

[13] Daß der Kybele außerdem die höchsten Bergspitzen heilig waren,
wie O. Kern betont, schließt das gewiß nicht aus. — Oder lag hier
vielleicht der Oikos, den der Samothrakier Philoxenos im 3. Jh.
vor Chr. den großen Göttern gestiftet hat, und dessen in die
Paläopolis verschleppte Weihinschrift I. G. XII, 8, 230 schon Conze
(Unters. II, S. 41, nr. 8, Taf. 71, 8) veröffentlicht hat? Vgl.
B. C. II. 1911, 444 ff.

wiederum in dieselbe Zeit der ersten Hälfte des 3. Jahrhunderts vor Chr. gehört und eine Frau aus Milet als
Stifterin nennt.[14] Mit Milet aber unterhielt das Ptolemäerreich eben damals (279—259 v. Chr.) unter Philadelphos
engste Beziehungen, φιλία καὶ συμμαχία, aus politischen
Gründen.[15] Das ist zur Erklärung dieser Stiftung wichtig
und zu Unrecht bisher außer acht gelassen worden.[16] Daß
auch diesem ‚Bau der Milesierin‘ weiter nachgeforscht und
er womöglich aus seinen letzten Resten zurückgewonnen
werden müßte, versteht sich von selbst. Das Ergebnis kann
nichts anderes als das Anathem einer Anhängerin der ägyptischen Partei in Milet sein aus der Blütezeit des Ptolemäer-
reichs.

Also ein Analogon zu dem ebenfalls privaten Weihgeschenk, das ein gleichzeitiger Anhänger und ergebener
Beamter der Ptolemäer, der Nauarch Kallikrates, des Boi-
skos Sohn, aus dem damals gleichfalls Ägypten unterstehenden Samos — seiner Hauptflottenstation — nach
Olympia geweiht hat: in den beiden hohen jonischen Einzel-
säulen vor der Echohalle, die die Standbilder des Philadelphos und der Arsinoë trugen, und deren unmittelbare
stilistische Verwandtschaft mit dem ionischen Kapitell des
Philadelphos-Tores auf Samothrake schon R. Borrmann
(Olympia II, S. 142) angemerkt hat (vgl. K. Purgold,
Olympia IV, S. 431, Nr. 306/7).

Champoiseau hat dann bei seiner letzten Grabung
weiter südlich, wo der Berg ansteigt, die 17reihige Stufen-
cavea eines Theaters angegraben.[17] Nur eine kleine Ansicht

---

[14] Unters. I, 32, 60; II, 8, 102, 143. — I. G. XII, 8, 229.

[15] Am wichtigsten die Inschrift aus dem Delphinion in Milet: Th. Wie-
gand, Milet, Heft I, 3, nr. 139, S. 300 ff. (A. Rehm). Dazu v. Wilamo-
witz in G. G. A. 1914, 84 ff. W. Tarn in Cambridge Ancient History
VII (1928) passim. — M. L. Fritze, Die ersten Ptolemäer und
Griechenland (Diss. Halle 1917), S. 34/5, 59. — Ernst Meyer,
Grenzen der hellenist. Staaten, S. 74 ff.

[16] Das Vorkommen milesischer Frauennamen auf attischen Grabsteinen
(Rubensohn, S. 225/26) fällt dagegen nicht ins Gewicht. Vgl.
Fredrich zu I. G. XII, 8, 229.

ist bisher veröffentlicht (B. C. H. 1924, 503, Fig. 17). Wie
wichtig wäre es, das Skenengebäude zu kennen! Auch hier
muß der ganze Bau — als in einem Temenos gelegen eine
Parallele zu Oropos und Epidauros! — freigelegt, Erbauer,
Entstehungszeit und Beziehung eventuell zum unmittelbar
darüberliegenden Nikemonument gesucht werden. Es ist
richtig, daß man sich hier die Aufführung von an Dardanos
anknüpfenden Festspielen denken darf.

    Auffallend anspruchslos im Material, obwohl unver-
kennbar auch aus dem 3. Jahrhundert und den Ptolemäerbauten etwa gleichzeitig, doch z. T. roh und dürftig in
der Ausführung ist die lange, schmale dorische H a l l e,
die schon Conze auf dem dominierenden westlichen Höhen-
rücken in genauer NS.-Richtung nach O. sich öffnend
bloßgelegt hat, ohne indes ihre nächste Umgebung ganz
haben aufdecken zu können.[18] Hier handelt es sich offenbar
um k e i n e fürstliche Stiftung. Die Sima-Ornamente sind
geradezu kümmerlich, die Stirnziegel Fabrikware aus der
Ferne.[18a] Ob die S t a d t Samothrake die Erbauerin war,[19]

---

[17] C. R. A. I. 1891. 269 ff. — O. Kern in Ath. Mitt. XVIII. 1893, 342/43.

[18] Conze, Unters. I, 6, 32, 86; II, 5 ff., 50 ff.

[18a] M. Schede, Antikes Traufleistenornament, S. 73/4.

[19] Rubensohn S. 182. — Schon Conze (II, 50) führte als Analogien entsprechende Hallen in modernen Wallfahrtsorten und die Wandel-
hallen unserer Badeorte (wie Gastein) an. — O. Kern, Nordgriech.
Skizzen, 78 ff., nennt treffend die langen Holzhallen auf dem Athos
als Analogie aus dem heutigen Griechenland. Zweck: Unterbrin-
gung der Pilgerscharen an den Festtagen. — Die Hallen im Heiligtum der Bergmutter auf dem wilden, einsamen Aspordenos-Gebirge
südöstlich von Pergamon waren der rauhen Stürme wegen zum
Schutz eben der Pilger sogar in ihrer Vorderseite größtenteils geschlossen. — Unter den vor der Front der samothrakischen Halle
aufgestellten Weihgeschenken gab es übrigens eine ionische Einzel-
säule ptolemäischer Zeit ganz wie vor der — fast ebenso langen
— Echohalle in Olympia. Vgl. R. Borrmann, Olympia II, S. 142,
der in beiden Fällen auch ein vor der Hallenfront liegendes lang-
gestrecktes Bathron mit diesen Statuensäulen in Verbindung bringt
und geradezu von einem samothrakischen 'Gegenstück' zu Olympia
spricht.

oder ein Privatmann, kann nur ein gründliches Aufräumen des ganzen Platzes vor der Hallenfront lehren, in dessen Schutt Inschriften und Weihgeschenke verborgen sein mögen.

So harren also, rein a r c h i t e k t o n i s c h, bau- und stilgeschichtlich genommen, im samothrakischen Heiligtum noch immer wichtige Aufgaben ihrer Lösung.

Zusammenfassend darf man aber jetzt schon sagen, die gesamte glänzende Erneuerung des samothrakischen Heiligtums in Marmor, aller Monumentalbauten darin vom Haupttempel bis zum Torbau, fällt in die Zeit des zweiten Ptolemaios und ist — auch noch für die Zeit nach ihrem Tode i. J. 269 — zu verdanken der ungewöhnlichen Tatkraft und hohen Intelligenz Arsinoës, welche der eigentliche Regent Ägyptens in jenen ganzen Jahrzehnten gewesen ist.[20] Eine Prinzessin heißen makedonischen Geblüts vom alten Schlag, hat sie offenbar noch von Alexandria aus der ihrer fernen Heimat so heiligen Insel dauernd ihre große königliche Gunst und Initiative zugewendet. Ihr Gemahl ist in der Politik bekanntlich noch lange ihrem Kurse gefolgt, als sie selbst schon nicht mehr am Leben war. Es ist, als ob Philadelphos in Samothrake ein Vermächtnis Arsinoës auszuführen gehabt hätte: die im Rundbau von ihr einst in jungen Jahren begonnene Erneuerung des Kabirenheiligtums endlich in vollem Umfang zu vollenden, gewiß auch zum Dank für das ihr gewährte Asyl nach den furchtbaren Erfahrungen mit ihrem zweiten Gatten Ptolemaios Keraunos. Gerade damals in der Stille der samothrakischen Abgeschiedenheit scheint Arsinoë ihre vor keiner Gewalttat zurückschreckenden Pläne ausgebrütet zu haben, die ihr dann den Thron Ägyptens sichern sollten. Wie es scheint, kam sie i. J. 279 unmittelbar von Samothrake aus nach Alexandria.

---

[20] Vgl. Ed. Bevan, A history of Egypt under the Ptolemaic Dynasty, p. 59, 61, 67, 77. Anders: W. Otto, Beiträge zur Seleukidengeschichte des 3. Jahrhunderts vor Chr. (Abh. Bayer. Akad. XXXIV, 1, 1928), S. 29.

Wenn auch später unter Ptolemaios III. Euergetes die Insel ebenso wie Thrakien und der Hellespont noch einmal zwei Jahrzehnte lang (246 bis ca. 225 vor Chr.) unter ptolemäischer Herrschaft stand — Antigonos Doson brachte sie trotz aller umsichtigen Vorkehrungen des tüchtigen, damals in ägyptischen Diensten stehenden Strategen Hippomedon [21] wieder an Makedonien zurück —, so sind doch anscheinend weder damals noch später irgend welche monumentalen Bauten von der Lagiden-Dynastie im samothrakischen Heiligtum gestiftet worden. Daß die einmal angeknüpften kulturellen Beziehungen aber sich trotzdem noch fortsetzten, bezeugt die Tatsache, daß der letzte bedeutende Leiter der alexandrinischen Bibliothek, ein wahrhaft großer Philologe, zeitweise auch Prinzenerzieher am königlichen Hof in Alexandria, Aristarch, ein geborener Samothrakier war. Noch Ptolemaios VI. Philometor gedachte nach der Niederlage bei Kasion um 170 vor Chr. auf die heilige Insel zu flüchten.

Schon jetzt darf man angesichts der Tatsache, daß sämtliche künstlerisch bedeutsamen Bauten des heiligen Bezirkes auf Samothrake — bis jetzt sicher fünf — Mitgliedern, bzw. Anhängern des Lagidenhauses ihre Entstehung verdanken — ein schlagender Beleg für die politische Wichtigkeit, die gerade die ersten Ptolemäer diesem ganz im Norden liegenden Punkte der Ägäis beigemessen haben —, man darf angesichts dieser vom alexandrinischen Hof ausgehenden oder durch sein Patronat veranlaßten Stiftungen vermuten, daß auch die künstlerischen Kräfte, jedenfalls die entwerfenden Baumeister, von dort gekommen sein werden.[22] Nicht die ausführenden Steinmetzen — dazu ist die Ausführung der Details zu grob —, da waren sichtlich ungeübte, lokale Hände am Werk. Der Marmor selbst war im nahen Thasos bequem zu haben.

---

[21] Vgl. zuletzt W. Otto bei P. W. VIII, 1884 ff.

[22] Das Entsprechende wird von den französischen Forschern auch für die Bauten der makedonischen Fürsten auf Delos vermutet.

Schon für den Rundbau der Arsinoë, der Tochter des ersten Ptolemäers, möchte ich einen alexandrinischen Bauriß vermuten. Im rauhen Thrakien wird Arsinoë schwerlich gefunden haben, was sie als königliche Bauherrin brauchte, reichlich aber in ihrer väterlichen Residenz in Ägypten. So ist es nicht zu verwundern, wenn es zu dem Akanthus-Kapitell der korinthischen Halbsäulen des Arsinoeions gerade in Alexandria die nächsten Verwandten gibt. Am samothrakischen Rundbau selbst ist freilich keines dieser Kapitelle vollständig erhalten. Erst eine genaue Nachprüfung der Einzelformen könnte ergeben, ob der Typus dem der epidaurischen Tholos wirklich nähersteht als den von K. Ronczewski [23] bekannt gemachten Kalktuffkapitellen in Alexandria oder dem aus dem ptolemäischen Königsviertel dort stammenden schönen Basaltkapitell der sogenannten Khartumsäule.[24] Die zierlichen ionischen Kapitelle vom Prunktor des Philadelphos in Samothrake kommen am nächsten den herrlichen Kapitellen aus Nummulitenkalk, von denen ein halbes Dutzend aus dem Palastquartier in Alexandria gefunden wurde.[25]

Schon Puchstein (Ion. Kapitell, S. 44/45) hat sich über den Architekten des ägyptischen Königs, der den samothrakischen Torbau entworfen, Gedanken gemacht, als er feststellte, daß dessen Kapitell mit dem der Säulen vor der Echohalle in Olympia (s. o. S. 11) völlig übereinstimmt — bis auf die Rankenfüllung im canalis, die auch jenen alexandrinischen Kapitellen fehlt. Diese Zutat könnte, wie Puchstein schon ahnte, eine spezifisch kleinasiatische Bereicherung sein, die mit ionischen Elementen schon früh

---

[23] Supplement zu Nr. 22 des Bulletin de la Société archéologique d'Alexandrie (1927), p. 5 ff., pl. I—II. Breccia, Alexandria ad Aegyptum (1922), p. 91, Fig. 36.

[24] Th. Schreiber, Expedition Sieglin I, Abb. 208.

[25] Abgeb. von E. Breccia, Le Musée Gréco-Romain au cours de l'année 1922/23 (Alexandrie 1924), pl. IV—V, dazu p. 6. Vgl. Bull. de soc. d'arch. d'Alex. 1902, 119 und R. Delbrück, Hellenist. Bauten in Latium II, 161, Abb. 104. — E. Breccia, Alex. ad Aeg., p. 89/90, Fig. 35.

ihren Weg bis an die thrakische Küste gefunden hätte
(Sardes, Aizani, Aigai, Smintheion, Neapolis-Kavalla).[25a]
Wir kennen die Namen dieser Baumeister nicht, aber
es mögen, wie Sostratos von Knidos, dessen gewaltiger
Pharosturm um eben jene Zeit fertig geworden sein muß,[26]
ideenreiche, auch ungewöhnlichen Aufgaben gewachsene
Südwest-Kleinasiaten aus den dem Ptolemäerreich politisch
damals so vielfach verbundenen Gebieten dort gewesen sein.
Daß aus Alexandria, der rapid wachsenden Weltstadt, ge-
schulte Meister für die Anlage auf der fernen, einsamen
Insel herangezogen worden sind, ist eine gewiß naheliegende
Annahme. Da nun in Alexandria selbst so Vieles für immer
zerstört ist, wäre es ein besonders dankenswerter Beitrag
für unsere Kenntnis alexandrinischer Hofbaukunst, die
samothrakischen, zeitlich so fest umgrenzten Baureste auch
in ihren stilistischen Einzelheiten noch genauer als bisher
und, soweit es überhaupt noch möglich ist, vollständig bekannt zu machen. Dazu würde auch eine noch nachträgliche
Veröffentlichung der 1866 von Coquart aufgenommenen
Blätter in Paris[27] und sämtlicher damals in den Louvre wie
später nach Wien gelangten Bruchstücke gehören. —
Als U. v. Wilamowitz in der Berliner Akademie seine
Gedächtnisrede auf A. Conze hielt,[28] sagte er mit Recht,
dieser würde in seiner zähen Energie nicht geruht haben,
bis er in der Tiefe auch zu dem Kabirenheiligtum der

---

[25a] Vgl. jetzt H. Cr. Butler, Sardis II, 1. p. 119 ff. mit Fig. III, 135.
— M. Schede a. a. O. 89 nimmt Samothrake als frühestes Beispiel
und solchen Schmuck als gerade für diesen Tempel erst erfunden an.

[26] Vgl. des Verfassers Pharos, Antike, Islam und Occident (1909),
S. 32. Der Riesenbau muß in den siebziger Jahren des 3. Jahrhunderts hergestellt sein. Die Einweihung wird sich nach dem in
seiner Datierung für uns noch schwankenden isolympischen Ptole-
mäerfeste gerichtet haben. Am zutreffendsten erscheint die von
W. Otto a. a. O. S. 6 vorgeschlagene Datierung: 271/70 vor Chr.

[27] Aufgezählt C. R. A. I. 1873, 257 ff. Noch vollständiger — von Coquart
selbst — Revue arch. nouv. série 1874, 24—26. Bei der leider nicht
aufzuhaltenden Zerstörung der Fundstücke an Ort und Stelle ist
der besondere Wert dieser Aufnahmen damals richtig vorausge-
sehen worden.   [28] Sitzungsber. Berl. Akad. 1916, I, 757.

ältesten Zeit durchgedrungen wäre, wenn ihm länger in
Österreich zu bleiben beschieden gewesen wäre. Diese Aufgabe, die Suche nach dem ältesten Kabirenheiligtum Samothrakes, liegt in der Tat immer noch ungelöst vor uns und
harrt der Erledigung.[29] Eine systematische, vollständige
Ausgrabung des heiligen Bezirkes in Samothrake muß sie
unbedingt zum Vorschein bringen. Es ist nicht denkbar, daß
irgendein anderer Ort auf der Insel dafür in Frage käme.
Kaum auch, daß der Kult erst im 6. Jahrhundert auf dem
damals doch schon griechischen Samothrake Wurzel gefaßt
hätte, herüberverpflanzt erst von den nachbarlichen Inseln
Lemnos und Imbros. Die Kabirenvorstellung ist mit Recht
immer als in uralter, noch vorgriechischer Zeit wurzelnd
aufgefaßt worden, mag man sie nun mit der Antike selbst
‚pelasgisch'[30] oder ‚tyrrhenisch' nennen.

Überliefert sind — wie für Lemnos und Imbros —
Tyrrhener für Samothrake ausdrücklich nicht, nur ‚Pelasger'. Aber längst hat Ed. Meyer (Forsch. zur alt. Gesch. I,
S. 12 ff.) den Nachweis geführt, daß in unserer Überlieferung
mehrfach die Pelasger an die Stelle der Tyrrhener getreten
sind. Hekataios machte die Tyrrhener auf Lemnos zu aus
Attika vertriebenen Pelasgern (Herod. VI, 137); in Athen
sprach man von ‚tyrrhenischen Pelasgern'; selbst die Pelasger in Argos heißen bei Sophokles ‚Tyrrhener'. Als
tyrrhenisch-pelasgisch bezeichnet Thukyd. IV, 109 auch die
Bevölkerung am Athos. Wenn aber die bekannte Überlieferung Herodots von der Auswanderung der Tyrrhener
nach Mittelitalien — wie es immer mehr den Anschein ge-
winnt[31] — richtig ist und durch die neuesten Ausgrabungen

---

[29] Auch die neuesten Grabungen waren hierin ohne Ergebnis. Richtig
   betont von O. Kern, Griech. Religion I, 237, Anm.

[30] Herodot II, 51. — Daß auch der Kult des ithyphallischen Priap
   am Hellespont aus derselben Wurzel stammt, hat Busolt I², S. 181
   richtig erkannt.

[31] Vgl. zuletzt z. B. zur tyrrhenischen Lemnosstele: Nachmauson,
   A. M. 1908, 47 ff.; Karo, ebenda 65 ff.; Danielson, B. Ph. W. 1906,
   596 ff.; Herbig in Eberts Reallexikon der Vorgesch. III (1925),
   145 ff. — Auch v. Bissing nimmt jetzt eine Niederlassung der

der Italiener auf Lemnos mit ihren, den geometrischen
Graburnen der Villanovaperiode in Etrurien nahe-
kommenden Analogien [32] bestätigt zu werden scheint, so
müßte es eine lohnende und spannende Aufgabe sein, die
leicht zugänglichen, noch überall in freier Natur da-
liegenden Nekropolen [33] der alten Stadt Samothrake auf
ebensolche fremdartige Grabfunde des 10. bis 8. Jahrhunderts vor Chr. hin zu untersuchen. Kommen sie da,
was wahrscheinlich ist, in gleicher Art wie auf Lemnos
zum Vorschein, so wäre damit eine vorgriechisch-‚tyrrhe-
nische‘ Bevölkerung auch für Samothrake erwiesen, so
würden die bekannte, merkwürdig starke Sympathie, welche
später Rom gerade diesen Göttern von Samothrake spontan
und offiziell, wie von einer magischen Anziehungskraft
getrieben, entgegengebracht hat,[34] und die alten Sagen von
Dardanos-Troja und der von Troja durch Aeneas nach
Italien gebrachten, im Tempel der Vesta in Rom samt dem
troischen Palladion geheimnisvoll verwahrten, ursprüng-

---

Tyrrhener auf Samothrake an, denkt sogar an die Möglichkeit, daß
ein Zweig der Tyrrhener von Thrakien aus quer durch den Balkan
zur Adria und von da bis nach Italien gelangt sei (Wiener Zeitschr.
für Kunde des Morgenlandes, Bd. XXXIV, S. 257). — Fr. Schacher-
meyr, Etruskische Frühgeschichte (1929), S. 273, tritt jetzt ebenfalls dafür ein, wie vor mehr als einem Jahrhundert schon
C. O. Müller, daß der samothrakische Kabirenkult mitsamt einem
primären unterdrückten Bevölkerungselement die ägäische Wanderung
überdauert hat. Daß Tyrrhener auch in der Äolis (Pitane) und auf
Lesbos saßen, wird durch die ortskundigsten Berichterstatter bezeugt: Hellanikos und Thukydides.

[32] Vorläufige Angaben darüber: B. C. H. 1926, 567/68; 1927, 492.
Arch. Anz. 1927, 393—395 mit Abb. 17—19; 1928, 619/20.

[33] Bisher nur kümmerlich ärmliche Grabfunde im SW. der Stadt:
zuerst untersucht von Coquart und Deville (Archiv. de miss. scient.
1867, 264, 277), später von dem trefflichen, leider schon 1903 verstorbenen Phardys (bei O. Kern, Ath. Mitt. XVIII, 1893, S. 344/45).

[34] G. Wissowa, Die Überlieferung über die römischen Penaten (Hermes
XXII) 28 ff. und 42. — ‚Dardanos‘ in Roschers Myth. Lex. I
(v. Sybel) und bei P. W. IV (1901), 2171 ff. (Thrämer). — Nissen,
Rhein. Mus. XLII, 55 ff.; Chapouthier in B. C. H. 1925, 258 ff.
und P. W. X, 1419 (O. Kern).

lich samothrakischen Penaten mit einemmal ganz anders verständlich.[35] Hat doch Varro, ,der größte Theologe Roms', gerade Samothrake als den Ursprung auch der römischen Religion erklärt. Freilich darf man an so tief verborgen liegende, älteste ethnische und religiöse Zusammenhänge nur mit jener äußerst kritischen Vorsicht rühren, wie sie Wissowa diesem Fragenkomplex entgegengebracht hat (Religion und Kultur der Römer[2], 165/66).

Dem Wesen des Kabirenkultes ließe sich aber auch noch auf anderem Wege näher kommen: durch Aufdeckung der vom Heute noch unberührten Kabirenheiligtümer auf den eben genannten Schwesterinseln Lemnos und Imbros. Die Örtlichkeiten, an denen sie liegen, sind genau bekannt; trotzdem sind sie — glücklicherweise! — bisher noch unbeachtet geblieben. Die Stelle eines Kabirenheiligtums auf Lemnos an der Bucht nördlich von Myrina ist durch C. Fredrich mit Sicherheit festgelegt worden.[36] Dasjenige der wichtigeren Hauptstadt Hephaistias auf Lemnos ist bei der ungeheuren Verwüstung dieses Platzes vielleicht längst zerstört,[37] jedenfalls nicht ganz einfach wieder zu finden.

Die Stätte des Kabirenheiligtums auf Imbros beim Kloster A. Konstantinos und ebenso die des damit wesensverwandten vorgriechischen Hermes Imbrasos bei A. Nikolaos an der Westküste [38] hat Conze schon auf seiner allerersten Inselreise feststellen können. Gemeinsam ist auch diesen Heiligtümern, die auf Oberhummers Kartenskizze von Imbros deutlich eingetragen sind,[39] das Weitdraußen-

---

[35] Vgl. G. Vaccai, Le feste di Roma antica[2] (1917), p. 9—11.

[36] Ath. Mitt. 1906, 245 und Kartenskizze in Abb. 1 auf S. 244 (Heiligtum: d).

[37] C. Fredrich sprach A. M. XXXI, 1906, 258 beim Mosychloshügel, der Stätte des alten Erdfeuers auf Lemnos, von einem Heiligtum und Hain oben und einem Hephaistostempel unten am Fuß. Eine Begründung für diese Angaben konnte er mir, als ich ihn brieflich anfragte, dafür nicht angeben.

[38] Conze, Reisen, 91 ff. — C. Fredrich, A. M. 1908, 99 ff. und bei P. W. IX (1914), 1105 ff. — O. Kern, ebenda X (1919), 1409.

[39] In Festschrift für H. Kiepert (1898), S. 281.

liegen in der freien Natur mit üppiger Vegetation, Berg-
wassern nahe, fern abseits von der Stadt.

Die Gelegenheit ist selten günstig, diese wichtigen
Heiligtümer liegen alle zum Greifen bequem und sicher da,
religionsgeschichtlich zur Aufhellung der samothrakischen
Kulte doch gewiß ein starker Anreiz! Welcher Mäzen wird
dafür die nötigen Mittel spenden? Möchten sie nur sehr ge-
schulten und auch publikationsbereiten Ausgräbern zugute
kommen! Aber auch nicht früher, als bis auf Samothrake
wirklich alles geschehen ist, was noch nachzuholen ist und
getan werden muß! —

Ein Hauptproblem war bisher, wie anscheinend so
erdhafte Fruchtbarkeitsnumina dionysischer Färbung, wie
die alten Kabiren es doch zu sein scheinen, später, in
hellenistischer Zeit, sich in so ganz andere Wesen, in Not-
helfer zur See, und damit in das hellenistisch-römische
Dioskurenpaar verwandeln konnten. Das hätten sie auch
gewiß nicht gekonnt, wenn ihnen eine solche Beziehung
zum Meere — und alles Gewässer hat für die Griechen
chthonischen Charakter [39a] — nicht schon seit Urzeiten eigen
gewesen wäre, die wohl eine Zeitlang hat zurückgedrängt
werden können, die dann aber um so stärker wieder hervor-
brach. Es ist die uralte Flutsage [40] nicht zu vergessen,
die, wie beim Parnaß und Ararat, an das hohe, steile,
schroffe Gebirge (1700 m) anknüpft, das auf Samothrake
weit und breit die griechische Inselwelt überragt. Daher
auch die Erzählung von einem neuen Anfang der Mensch-
heit auf Samothrake, von einem ersten Menschen, ja
Menschenpaar dort,[41] und von den Altären, die man zuerst

---

[39a] Vgl. M. Ninck, Die Bedeutung des Wassers im Kult mit Leben der
Alten (Philologus, Suppl. Bd. XIV, Heft 2. S. 1 ff.), und O. Kern,
Die griech. Mysterien der klass. Zeit, S. 28 f. und 37.

[40] Vgl. Usener, Sintflutsagen, S. 45. — Dazu der Kalypsoschleier des
Odysseus, die rote Mysterienbinde als Rettungsgürtel der Mysten,
der freundliche, hilfreiche Geleitfisch Pompilos. Dardanos schwimmt
μονήρης von Samothrake nach der Troas.

[41] O. Kern, Griech. Religion I, 241. — Ein ἀρχάνθρωπος auf Samothrake nach Hippolytos, Refut. omn. haeres. p. 152, 82. Ebenda 5, 7,

hier den ‚rettenden Göttern‘ nach der großen Wassersnot
errichtet habe und auf denen auch später noch in dankbarer
Erinnerung an jene Errettung dauernd ($\mu\acute{\epsilon}\chi\varrho\iota$ $\tauο\tilde{v}$ $r\bar{v}r$)
Dankopfer dargebracht worden seien (Diod. V. 7; vgl.
Rubensohn S. 177). Die stürmische Gefährlichkeit der
thrakischen See, welche diese von Natur hafenlose Insel
umtobt und auch heute noch‘ vielfach unzugänglich macht,
ist, obwohl man es bisher so versucht hat zu erklären,[42]
allein kaum geeignet, den Kult der Dioskuren auf Samothrake verständlich zu machen, wenn dies Moment gewiß
auch dazu beigetragen hat, die alte Sage von der großen
Wassersnot niemals ganz in Vergessenheit geraten zu lassen
und die Dankbarkeit der glücklich landenden Pilger
dauernd wach zu erhalten. Die Errettung vom Tode des
Ertrinkens scheint alle Jahrhunderte hindurch das eigentliche Grundmotiv gewesen zu sein. Diese Vorstellung
wandert mit dem Kult: selbst der böotische Kabir bei
Theben wird noch in augusteischer Zeit in einer Seenot bei
Karpathos um Hilfe angerufen (Anthol. Pal. VI, 24), und
eben dort im thebanischen Kabirion spielt ja die Sage vom
orphischen Urmenschen, vom ersten Menschenpaar und
ersten Menschenkind eine Hauptrolle (O. Kern bei P. W. X.
[1917], Sp. 1441; Hermes XXV [1890], 1 ff.).

Ebenso gewiß ist es freilich, daß die politischen Ver-
hältnisse in der hellenistischen Ägäis gerade damals auf ein
gesteigertes Ansehen der Seegötter hindrängten. In einer
Zeit, da es für die Vormachtstellung in der östlich-grie-
chischen Welt von der allergrößten Bedeutung sein mußte,
wer der Herr dieser Küsten und Inseln war, und da die Bedeutung der Kriegs- und Handelsflotten rasch zunahm,

---

p. 136 ist der Kabir selbst der erste Mensch. Vgl. H. Lewy, Die
    semitischen Fremdwörter im Griechischen (1895), S. 214.
[42] O. Kern, Griech. Religion, S. 238, und neuerdings in Forsch. und
    Fortschritte 1929, nr. 33, S. 381. — C. O. Müller (Orchomenos,
    S. 451 und Prolegomena S. 154) hatte die Retter zur See aus dem
    Charakter der Tyrrhener als Seefahrer und Seeräuber erklären
    wollen, also auch im Sinne einer sekundären Phase.

mußte die rapid gestiegene Seegeltung dieser Region
natürlich auch der sakralen Welt auf Samothrake zugute
kommen. —

Welch eindringliche Energie hat Otto B e n n d o r f
— im zweiten Bande des österreichischen Ausgrabungs-
werkes — daran gesetzt, um die herrliche, in den Louvre ge-
wanderte Nike als ein Weihgeschenk des Demetrios Poliorketes für seinen glänzenden Seesieg über Ptolemaios I. bei
Salamis auf Cypern i. J. 306 zu erweisen![43] Heute ist diese
Auffassung, nachdem sie eine volle Generation hindurch allgemein geherrscht, dann aber mehr und mehr Widerspruch
gefunden hat, ebenso allgemein wieder aufgegeben. Die
glücklich ausgleichende Formulierung, die aus stilgeschicht-
lichen Gründen zuletzt Franz S t u d n i c z k a gefunden
hatte,[44] scheint mir endlich das Rechte zu treffen. Er
rückte die samothrakische Nike ab von Demetrios Poliorketes, ohne indessen den Zusammenhang der Figur mit
diesem ganz preiszugeben; er teilte sie Demetrios' tat-
kräftigem Sohn und Nachfolger auf dem makedonischen
Thron, A n t i g o n o s  G o n a t a s, zu als ein Weihgeschenk
für dessen Seesieg bei Kos i. J. 259.[45] Diese Schlacht
ist ja für Ptolemaios Philadelphos ebenso vernichtend
gewesen in der Ägäis wie der Sieg des Demetrios bei
Cypern es einst gewesen war für Ptolemaios Lagi. Ja,
die Historiker sind mit Recht geneigt, dem Sieg bei Kos,
von dem wir nur zufällig kaum etwas an Einzelheiten
wissen — ganz anders als bei Salamis! —, eine politisch weit
größere Bedeutung zuzumessen als eben diesem. Die Anzahl

---

[43] Conze, Unters. II, 54 ff.

[44] Jahrb. d. Inst. XXXIX, 1923/24, S. 126. — Aufgenommen von
W. W. Tarn in Cambridge Ancient History VII (1928), 714.

[45] Die Datierung schwankt zwischen 263 und 256 vor Chr. Vgl. Cambridge Anc. Hist. a. a. O. 862/63. Beloch entscheidet sich (Griech.
Gesch.² IV, 1, 598, und IV, 2, 509) für ca. 257 vor Chr. Auf die
frühere Ansicht von Tarn — 246 vor Chr. — ist neuerdings W. Fell-
mann in seiner Würzburger Dissertation (Antigonos Gonatas, 1930),
S. 68 ff. wieder zurückgekommen.

der auf beiden Seiten kämpfenden Schiffe, rund 300, wäre
bei Kos ebenso groß gewesen wie bei Salamis auf Cypern
(W. Tarn, Antig. Gon., p. 458). Antigonos, dem Sohne, sei
— so hebt auch Studniczka hervor — die pietätvolle Erneuerung eines vom Vater i. J. 306 für den Seesieg beim
cyprischen Salamis gestifteten Anathems wohl zuzutrauen.

Damit scheint in der Tat das Problem, das schon so
viel Kopfzerbrechen gemacht und die Datierung der Nike
um nicht weniger als drei Jahrhunderte hat hin und her
schwanken lassen,[46] in der Hauptsache gelöst. Doch gilt es,
diese neue Datierung um die Mitte des 3. Jahrhunderts
vor Chr. im einzelnen noch fester zu begründen. Das soll
im folgenden versucht werden.

Wir hätten also zu unterscheiden zwischen z w e i
A u s g a b e n der Nike: der Originalschöpfung ganz aus dem
Ende des 4. Jahrhunderts, d. i. dem Anathem des Vaters
Demetrios Poliorketes für Salamis, und einer stilistischen
Umschöpfung oder Neuauflage dieser Nike kurz vor der
Mitte des 3. Jahrhunderts: dem Anathem des Sohnes, Anti-
gonos Gonatas, für seinen Seesieg bei Kos.

Die verlorene O r i g i n a l auffassung spiegelt uns
wider die bekannte Münzprägung des Demetrios und, teil-

---

[46] Auch der neueste Vorschlag von A. W. Lawrence (J. H. S. 1926,
213 ff. und in seinem Buche ‚Later Greek Sculpture‘ [1927], p. 13),
einem Hinweis von Ad. Wilhelm zufolge eine Verherrlichung jenes
Seesieges in der Nike zu sehen, den im Jahre 323 die makedonische
Flotte unter Antipater über die athenische im Hellespont erfocht,
kann m. E. nach nicht dagegen aufkommen. — Die Datierung Gerh.
Krahmers (R. M. XXXVIII/IX, 1923/24, S. 151) um 160 vor Chr.
scheint mir fast um ein Jahrhundert zu spät. Dagegen stimme ich
voll überein mit P. Grotemeyer und Ed. Schmidt (Jahrb. d. J. 1928,
269 A, besonders 280), welche mit Recht die Nike von Samothrake
aus dem ‚pergamenischen‘ Jahrhundert in das 3. Jahrhundert zu-
rückversetzen. Auf die Zeit um 250 vor Chr. war ja auch Dickins
‚Hellenistic sculpture‘ (1920), 46 ff. schon gekommen. Um die Mitte
des 2. Jahrhunderts gibt es in der ganzen Ägäis schlechterdings kein
historisches Ereignis, das ein so machtvolles Siegeszeichen von helle-
nischer Seite hätte hervorrufen können.

weise wenigstens, ein Torso aus Kyrene.[47] Die nur in einem
Exemplar erhaltene U m a r b e i t u n g gibt eben die Nike
von Samothrake.

Worin die Neubearbeitung von ihrem Vorbild ab-
weicht, scheint gegenständlich — außer der höheren Gürtung
dicht unter den Brüsten — nur die Zutat des Mantels zu
sein. Die sorgfältige Bearbeitung der gesamten Prägungen
des Demetrios Poliorketes jetzt durch Ed. N e w e l l[48] läßt
den Anstoß, den man bisher an der verschiedenen Haltung
der Flügel genommen hat, verstummen. Die Prägung gerade
der Samothrake örtlich am nächsten liegenden makedonischen Münzstätten Pella und Amphipolis zeigen die Flügel
der Nike nicht tief herabhängend wie sonst, sondern mehr
gehoben, ganz wie bei unserer Statue.[49] Auch läßt die Fülle
der von Newell vorgelegten Prägungen jeden Zweifel an dem
Charakter der Attribute — Posaune und Signalmast-
zeichen — für immer verschwinden.[50] Kranz und Aplustrum
kommen danach — für die Originalfigur von Salamis
wenigstens — nicht mehr in Frage. Auch für die Neuauflage wird man Posaune und erbeutetes Hoheitszeichen
als Attribute annehmen dürfen.

Wo aber mag diese Original-Nike mit ihrem grandiosen
Schwung gestanden haben? Am ehesten d o r t, wo der große
Sieg einst erfochten worden ist: in S a l a m i s a u f C y p e r n.
In eben diesem Salamis hat Demetrios die ersten Prägungen

---

[47] Abgebildet Bulletin of the Archaeol. Institute of America II
(1910/11), pl. LXXV. Nortons allzu knapper Text (p. 161) besagt
nur, daß die überlebensgroße Figur gefunden wurde ‚close to a large
tomb‘, das demnächst noch weiter untersucht werden sollte. Aus
der Nekropole stammen auch viele der ebenda genannten Statuen.
G. Lippold (R. M. XXXIII, 1918, 94/95) spricht zuerst von einer
römischen ·Kopie, betont die kunstgeschichtliche Wichtigkeit der
Figur als Vorstufe zur Samothrake-Nike und weist mit Recht auf
die veränderte Haartour hin.

[48] The coinages of Demetrius Poliorcetes, London 1927.

[49] Ebenda p. 33.

[50] Der Signalmast mit ziemlich langem Querholz ist ganz deutlich zu
erkennen auf den gut erhaltenen Prägungen gerade aus Salamis:
pl. II, 14, 16, 18; III, 4.

mit diesem sieghaft stolzen Symbol und mit Poseidon und
Athena in Abwehr auf dem Revers prägen lassen; um 300
vor Chr. Also unmittelbar nach der Niederlage seines Vaters
bei Ipsos 301, gerade um seinen Gegnern nachdrücklichst zum
Bewußtsein zu bringen, daß zur See nach wie vor er noch
Herr sei.[51] Dann erst haben auch die anderen seiner Münzstätten das markante Bild von dort, von Salamis, übernommen. Im Angesicht der offenen See, auf der die Schlacht
stattgefunden, und des erfolgreich blockierten, stark be-
festigten Hafens von Salamis, wohl diesem nahe, werden
wir uns das mächtige Siegesmal denken dürfen als eine neue
Verschönerung der schon seit langem ganz und gar hel-
lenisch orientierten Stadt, als eine neue Zierde des glänzenden Stadtbildes, das König Euagoras von Cypern (411—374
vor Chr.), der bedeutendste Fürst, den die Insel je gehabt,
der Philhellene auf dem Thron,[52] im 4. Jahrhundert hier
hatte erstehen lassen, und das Isokrates (IX, 47) so hoch
preist.[53] An Schönheit der Anlage und Reichtum der Ausstattung konnte nach ihm Salamis es mit jeder Stadt im
damaligen Griechenland aufnehmen.

Wenn einmal die Ausgrabungen, die England vor
40 Jahren dort — allerdings unzureichend — begonnen,[54]
systematisch durchgeführt werden könnten, könnte wenigstens noch der Standort der Demetrios-Nike zum Vorschein
kommen, wenn nicht mehr! Ob sich Demetrios in der königlichen Hauptstadt Cyperns auch baulich verewigt hat,
wissen wir nicht. Annehmen darf man, daß er den Palast
des Euagoras, von dem, wie mir scheinen will, schon ein
kostbares Doppelstierkapitell[55] (jetzt in London) zum Vor-

---

[51] Newell, p. 14 ff. und besonders 31 ff.
[52] Vgl. jetzt H. Willrich bei P. W. VI, 820 ff.
[53] Vgl. Oberhummer bei P. W. II, R. I, 1832 ff.
[54] J. H. S. 1891, p. 59—198, pl. IV—X.
[55] Ebenda p. 134, fig. 4. Besser abgeb. Catal. of sculpt. in the Brit.
Mus. II, pl. XXVII. Der Fund stammt von der langgestreckten
Agora. Die Datierung ins 4. Jahrhundert ist richtig. Zeitlich und
stilistisch am nächsten stehen die vier geflügelten Stierprotomen
über dem Eingang des Heroons von Gjölbaschi (Benndorf, Taf. 3,

schein gekommen ist, mit seinem Hofstaat belegt haben wird.
Jedenfalls war Salamis auch des Demetrios' Residenz auf
Cypern, in der noch in seiner Abwesenheit seine Familie,
seine Mutter und seine Kinder ihren Wohnsitz hatten. Dort
fallen sie i. J. 294 Ptolemaios in die Hände.[56] —

Die Künstlerfrage: wer war der geniale
Meister der Demetrios-Nike? An einen Mann aus Rhodos zu denken, verwehrt gerade in jenen Jahren die heftige
Fehde des Königs mit dieser Stadt (304). Alles weist dagegen auf einen von Athen her kommenden Bildhauer.

Zu keinem Kunstzentrum Griechenlands hatte Demetrios so enge und dauernde Beziehungen wie zu Athen,[57]
keiner Hellenenstadt war sein hoher, feiner, im Grunde
edler Geist kongenialer als gerade ihr; zu keiner andren fand
Demetrios eben in Salamis auf Cypern so seit langem, besonders durch Euagoras,[58] den Freund Konons, gefestigte,
traditionelle Beziehungen vor.

In solcher Bevorzugung Athens war wie in manchem
anderen Antigonos' großes Vorbild Alexander selbst, dessen
Aufmerksamkeiten gegen die geistige Kapitale von Hellas
vor und zu Beginn seiner kleinasiatischen Feldzüge Ph. Le-
derer, Zeitschr. f. Numism. 1922, 185—205 überzeugend zu-
sammengestellt hat. So wie damals Alexander sich an die

---

4, 6 und S. 66 ff.). Vorbild sind die bekannten Säulenkrönungen
der persischen Paläste in Persepolis und Susa, vermittelndes
Zwischenglied die prächtigen Stierkapitelle aus einem Königspalast
in Sidon, die ich schon 1903 in ihrem heimlichen Versteck dort sah,
über die dann erst 1920 (Bull. Acad. d. Inscript. 405—408) Clermont-
Ganneau kurz berichten konnte, und die — wenn auch nicht
hinreichend — nun in Syria Bd. IV (1923), pl. 42/43 abgebildet
sind. Die Etikette des persischen Großkönigs wirkte eben auch
architektonisch an den Höfen der von ihm abhängigen oder mit
seinem Reich doch in näher kultureller Fühlung stehenden Rand-
staaten aus. Auch die diagonal über den vier Kanten eines reichen
vornehmen lykischen Pfeilergrabes vorspringenden knienden Stierprotomen (Benndorf a. a. O. S. 70/71) gehören hierher.

[56] Plutarch, Demetr. 35. — Beloch, Griech. Gesch.[2] IV, 1, S. 219.

[57] Kaerst, Hellenismus[2] II, 66. — v. Wilamowitz-Möllendorff, Antigonos von Karystos, S. 187 ff. [58] Vgl. Anm. 52.

hohe klassische Kunst Athens, in seiner ersten Goldprägung
sogar an die Promachos des Phidias, angeschlossen zu haben
scheint, so mag sich sein Nachfahre Antigonos Gonatas jetzt
an einen der bedeutendsten lebenden Vertreter der zeitge-
nössischen Kunst in Athen gewandt haben. Das Motiv der
Nike über der Prora ist selbst sichtlich eine anmutige Er-
findung athenischen Geistes, wie sie als Symbol auf den
Zielsäulen der panathenäischen Preisamphoren Athens[59]
schon eine volle Generation vor der monumentalen Denkmal-
schöpfung, die wir für die cyprische Hauptstadt annehmen,
nachweisbar ist. Eine ebenfalls attische Vorstufe dazu war
das Tropaion auf der Prora in Epidauros, das sich bis dahin
immer n e b e n einer solchen befunden hatte.[60]

Also ein athenischer Künstler von feurigem Tem-
perament, überragendem Schwung und kühnem Können: —
B r y a x i s ?

Als Demetrios' Vater, Antigonos I. Monophthalmos,
die salaminische Siegesnachricht seines Sohnes erhält, ist er
drüben in Syrien eben beschäftigt, die Gründung der von
ihm geplanten neuen Hauptstadt Syriens ,Antigoneia' per-
sönlich zu überwachen.[61] Diese Vorgängerin der um wenige
Jahre jüngeren Residenz und Kapitale Syriens, Antiochia
am Orontes, besaß unter ihren ersten Ansiedlern auch einen

---

[59] Richtig betont von H. Bulle bei Roscher, Myth. Lex. III, Sp. 348,
   mit den dort angeführten Beispielen. Das älteste Beispiel wäre aus
   dem Jahre 332/31 vor Chr. Vgl. Cecil Torr in Rev. arch. 1895,
   p. 160 ff. und Amer. Journ. of Archaeol. 1895, 237. — Auch das gleich
   zu nennende Siegesmonument mit der Prora in Epidauros (Cav-
   vadias, Fouilles, p. 38/39, nr. 18—20) mit der Künstlerinschrift des
   Nikon ist nach Studniczka ins 4. Jahrhundert, älter also als die
   samothrakische Nike, anzusetzen. Nach Woelcke (Bonn. Jahrb. 1911,
   155/56) scheint diese Prora als Gruppe eine ein Tropaion be-
   kränzende Nike getragen zu haben.

[60] Vgl. Woelcke in Bonn. Jahrb. 1911, 154.

[61] Diodor XX, 47, 5. Zur Gründung von Antigoneia, das nach fünf
   Jahren schon von Seleukos dem Erdboden wieder gleichgemacht
   wurde, vgl. besonders V. Tscherikower, Die hellenistischen Städte-
   gründungen (Suppl. Band XIX zum Philologus, 1927), S. 61, 117, 196.

athenischen Kern.[62] Schon zu demselben Antigoneia wird
das dicht dabei liegende Daphne gehört haben, für dessen
Apolloheiligtum Bryaxis die kostbare Kultstatue geschaffen
hat, die Libanius ausführlicher beschreibt.[63] Brunn[64] hatte
— wie so oft — gewiß recht, wenn er dies Werk auf einen
Auftrag des Antigonos, nicht erst einen des Seleukos, dem es
dann für das jüngere Antiochia nur fertig zufiel, zurück-
führte. Bryaxis, selbst karischer Abkunft, und seine Mit-
arbeiter werden zu jener athenischen Stammkolonie Anti-
goneias Beziehung gehabt haben. Bryaxis mit dem
Auftrag auch für das Siegesdenkmal auf Cypern zu be-
trauen, lag unter diesen günstigen Umständen gewiß außer-
ordentlich nahe. Der König hatte diese erste künstlerische
Kraft augenblicklich ja unmittelbar zur Hand. Wie leicht
konnte er sie bald darnach seinem Sohn in Salamis zur Ver-
fügung stellen! Gerade mit Karien hatten die Antigoniden
andauernd Verbindung. (Vgl. Usener, Rhein. Mus. 1874, 40.)

Kann die aus historischen Gründen demnach naheliegende Zuweisung der Nike von Salamis an Bryaxis aber
auch stilgeschichtlich nicht nur verteidigt, sondern
auch überzeugend gemacht werden?

Was hebt Libanius an dem kolossalen, goldinkrustierten
Akrolith des Daphnischen Apollon[65] stilistisch besonders und
als einziges, bisher wenig beachtetes Charakteristikum hervor? Genau das, was auch an der im Sturmwind einher-
schreitenden Nike schon in jenem Original auf Cypern der
Fall gewesen sein muß: das teilweise ganz eng sich anlegende und
teilweise wieder weit vom Körper ab sich bewegende ‚empor-
springende‘ Gewand: τὰ μὲν ἐφιζάνειν, τὰ δε ὑπανίστασϑαι.[66]

[62] Malalas 201; vgl. Tscherikower S. 160. Seleukos war diese athenische Bevölkerungsgruppe so wertvoll, daß er sie ausdrücklich in
seine neue Hauptstadt Antiochia übernommen wissen wollte
(Tscherikower S. 202).

[63] Libanius, Orat. 61, vol. III, p. 334 ed. Reiske; Overbeck, Schriftquellen nr. 1322.

[64] Gesch. d. griech. Künstler I, 384.

[65] Vgl. besonders Amelung im Allg. Künstlerlexikon V, 165/66.

[66] Vgl. Anm. 63. Dazu die Charakterisierung des Gewandstils der
samothrakischen Nike bei W. Klein, Gesch. d. griech. Kunst III,

Die der Nike verwandte schlanke Proportion der hoch-
gewachsenen und hochgegürteten, ebenfalls in lange, fließende
Gewänder getauchten Gestalt jenes Apollon zu Daphne läßt
die Prägung des Antiochos Epiphanes deutlich erkennen.[67]
Dazu kommt noch eine gewisse weitere Analogie: auch
Apoll war dort die Stummheit künstlerisch genommen:
singend war er dargestellt in überzeugendster Weise.[68] Darin
stellt er sich mit ungewöhnlicher Lebendigkeit neben die in
die Posaune stoßende Nike.

Unrichtig wäre es also, sich Bryaxis ausschließlich und
einseitig als Vertreter pompöser, getragener Feierlichkeit zu
denken, wozu die anderen von ihm überlieferten Werke etwa
verleiten könnten. Schon die ihm an den Mausoleumsfriesen
zufallenden Reliefplatten,[69] voran das schöne Stück aus
Genua, müßten dagegen sprechen. Die stürmischfeurige
Lebhaftigkeit ihrer Gestalten wird in Halikarnaß nur durch
Skopas noch überboten. Gerade in Verbindung mit der Nike
sprechen diese Mausoleumsplatten noch deutlicher als bisher
von der künstlerischen Eigenart des Bryaxis zu uns. Besonders die beiden weit vorgebeugt hinstürmenden, schlank
gebauten Amazonen der Genueser Platte mit ihren fein-
fältigen, ganz eng am Körper anliegenden Chitonen und den
rauschenden Faltenkurven ihrer flatternden Mäntel muten
wie kriegerische Schwestern unserer großen Nike an. Mit
den Mausoleumskünstlern hatte ja Charles Newton schon die
Nike in Verbindung gebracht.[70]

Daß Bryaxis auch sonst in kolossalem Maßstab ge-
arbeitet hat, bezeugen außer seinem Serapis auch seine von

---

294: ‚So weht ein Stück des Mantels, in welchem die Brise sich
verfangen hat, vom Leibe ab und bläht sich auf, während die Enden
des Überfalls vom Übergewande wieder oben an den Leib zurück-
schlagen; dieser Wechsel, der sich in einer Fülle von Einzelheiten
zeigt, bringt ein momentanes Leben in die Gewanduug hinein, die
unser liebevollstes Interesse hervorruft.‘

[67] Abgeb. bei Overbeck, Kunstmythologie III, Münztafel V, 39.
[68] Vgl. Libanius a. a. O.
[69] Wolters-Sieveking, Jahrb. d. Iust. 1909, 171 ff., Beilage 2 (nr. 1009,
1019, 1022).
[70] Vgl. O. Rayet a. a. O. Anmerkung am Schluß.

Plinius erwähnten fünf überlebensgroßen Götterstatuen auf
Rhodos.[71] Daß Knidos und Patara,[72] wo ebenfalls Werke von
ihm standen, zu dem von Antigonos damals beherrschten
Territorium gehörten, sei nur nebenbei erwähnt. —
Die Zuweisung der Demetrios-Nike an den a t t i s c h e n
Skulpturenkreis und zum wenigsten in die künstlerische
Nähe des Bryaxis läßt sich aber auch noch weiter stützen.
Der in der Bewegung kraftvoll nach rechts vorstoßende,
überlebensgroße N i k e t o r s o von der Akropolis von M e -
g a r a (Ath. Mitt. 1881, Taf. 10 und 11) in Athen (Taf. I)
ist stilgeschichtlich nicht leicht zu beurteilen. Kabbadias und
andere setzten ihn ins 4. Jahrhundert vor Chr., Bulle in früh-
hellenistische Zeit.[73] Bestätigt sich diese Ansetzung wirklich,
so kann der Anlaß zu einem solch monumentalen Siegesdenkmal auf der Burg von Megara kaum ein anderer gewesen sein als ihre Erstürmung und die ‚Befreiung‘ Megaras
durch — Demetrios Poliorketes i. J. 307. Sie hatte zur Folge,
daß Megara (vermutlich mit einer makedonischen Besatzung

[71] Plinius XXXIV, 42 = Overbeck nr. 316.

[72] Overbeck, Schriftquellen nr. 1317 und 1318.

[73] Kabbadias nr. 225. H. Bulle in Roschers Myth. Lex. III, Sp. 349/50.
Purgolds Text (S. 375—382) zu den Tafeln (nach Zeichnung) in Ath.
Mitt. 1881 ist nie vollständig erschienen. Wie er mir jetzt schreibt,
wollte er die Nike noch ins 5. Jahrhundert datieren: ‚Ich dachte sie
mir als ein Siegesdenkmal der Befreiung Megaras von der durch
den attischen Überfall eingedrungenen athenischen Besatzung im
peloponnesischen Krieg. Die Gesamterscheinung schien mir mehr
auf Beeinflussung durch Paionios, natürlich in billiger Volksaus-
gabe, hinzudeuten als auf hellenistische Zeit, die reichere Gewandung und kompliziertere Motive anzuwenden pflegt.‘ — Doch hat
Bulle schon mit Recht betont, wie das energische Vorstoßen der
rechten Schulter eine Wucht der Bewegung in die Gestalt gebracht
hat, welche die einfachere Lösung des Paionios übertrifft. Unsere
Abbildung ist hergestellt nach einer neuen Photographie, die ich
der freundlichen Vermittlung Gerh. Krahmers verdanke, der die
Statue, wie er mir schreibt, ebenfalls in das 4. Jh. datiert. (Die
ältere Institutsphotographie [Nr. 474] ist etwas mehr von links
genommen.) Leider ist die einst prächtige Gestalt, die durch das
lange Liegen im Strandwasser in ihrem unteren Teil so sehr gelitten
hat, an der Schmalwand eines engen Magazinraumes im Athener
Nationalmuseum so fest auf ihrem modernen Sockel verkittet, daß

und abgesehen von einem rasch wieder niedergeschlagenen
Abfallversuch) bis zum Jahre 243, also sechs Jahrzehnte hindurch, makedonisch blieb. Vgl. Beloch, Griech. Gesch.[2] IV, 2,
S. 366. Als Athen sich von Demetrios abwendete, findet
seine Gattin Deidameia in Megara noch freundliche Aufnahme (Plut. Dem. 30). Zur Verherrlichung schon jenes
seines megarischen Sieges könnte sich Demetrios sehr wohl
einer, wenn nicht geradezu derselben, angesehenen künstlerischen Kraft aus dem nicht nur so nahen, sondern ihm
damals auch politisch unterstehenden Athen bedient haben.

Flügellos hingegen war von Anfang an jener wieder
überlebensgroße Torso von K y r e n e, der noch vor Beginn
der neuen italienischen Ära von den Amerikanern dort gefunden wurde, bisher aber nur ungenügend bekannt gemacht werden konnte.[74] Genaue Angaben und Photographien, die unserer neuen Tafel II und III zugrunde
liegen, verdanke ich der Freundlichkeit der Herren
C. A n t i in Padua und Gasp. O l i v i e r i o in Kyrene,
welche eine eigene Publikation darüber vorbereiten. Nach
Antis brieflicher Mitteilung wäre dieser interessante Torso
freilich wesentlich anders zu beurteilen als es jetzt geschieht,
seitdem Lippolds Verdacht, es handle sich bei dieser Skulptur nur um eine erst römische Kopie,[75] allgemeine Billigung
gefunden zu haben scheint. Die Rückseite ist nur sehr sum-

---

es unmöglich war, auch die wichtige Seiten- und Rückenansicht zu
photographieren. Die neue Aufnahme läßt immerhin, deutlicher als
bisher, die noch eigentümlich strenge und flache Art der Draperie
zwischen den noch zarten Brüsten, die lebendige kleine Fältelung
am Gurtband, das natürliche Wehen des Kolpossaumes und die
ionischen Knüpfärmel des Chitons an den Oberarmen erkennen.
Ungewöhnlich sind die weichen geschlossenen Schuhe und die
langen, offenen, wehenden Haare. Schon Brunn wollte die Figur (nach
brieflicher Mitteilung von K. Purgold) als Gegenstück zur Samothrake-Nike abgießen lassen, wozu es leider niemals gekommen ist.

[74] Die Abbildung 10 auf S. 95 in Röm. Mitt. 1918 und J. H. S. 1926,
217, Fig. 4, ist nur eine Wiederholung von pl. 75 im Bull. of the
Archaeol. Institute of America II (R. Norton).

[75] Lawrence (J. H. S. 1926, 217) denkt an einen eklektischen Nachklang vom Ende des 1. Jahrhunderts nach Chr.

marisch und flüchtig angelegt, war also einst nicht zu sehen.
Aber sonst scheint die Ausführung frisch und lebendig.
Anti erklärt die Figur mit aller Bestimmtheit für eine
originale Arbeit des 4. Jahrhunderts und den Marmor als
pentelisch. Außerdem gibt er ihr eine ganze Schar von
Schwestern, alles Mädchen in eiliger, schwebender Bewegung, mit langen fließenden Gewändern, ‚Aurai' also wie
in Epidauros, oder Okeaniden, Nereiden wie in Xanthos,
ganz wie dort auch in Kyrene anscheinend zu einem fürst-
lichen Grabmal gehörig, sämtlich jedenfalls in der dortigen
Nekropole gefunden.

Anti schreibt wörtlich:

‚Altezza massima m. 1,785 compreso il plinto di
m. 0,085. Marmo greco a grano fine, probabilmente
pentelico. La testa con il collo, il braccio destro, il piede
destro, l'estremità della gamba sinistra mancano ed
erano lavorati a parte, in pezze di marmo rimesse.
Mancano inoltre la spalla e l'avambraccio sinistro e si
hanno molti guasti minori un pò dovunque nel pan-
neggio. La superficie del marmo è tutta molto corrosa
per essere stato a lungo esposta alle intemperie.

Il dorso è meno curato, ma non trascurato del
tutto. Da vari indizi si arguisse con sicurezza, che la
statua doveva essere adossata ad una parete. Il braccio
sinistro era portato indietro e così, forse, anche il destro.

La costruzione della figura è prelisippica: nel
movimento delle estremità non vi è chiasmo e gli assi
delle spalle e dei fianchi sono nello stesso piano, senza
torsione. I capelli scendono sul dorso in ciocche esili
che formano uno strato piatto, a contorno rettangolare
come in certe Athenai fidiache. La cintura alta non
implica necessariamente una datazione molto bassa
(Rodenwaldt, in Röm. Mitt. 34 [1919], pag. 65 seg.).

Quanto al significato, noto che sul dorso non vi è
nessuna traccia di ali. Malgrado la somiglianza ge-
nerica, nel motivo, con la Nike di Samotracia, non la
ritengo una Vittoria, ma piuttosto un'Aura e con-

fronterei con l'Aura 397a di Copenhagen (Br.
Br. 664—665). Per la presenza di Aurai a decorazione
di una tomba, oltre all'ovvio confronto con le statue di
Xanthos, penso ai versi di Pindaro Ol. II, 77:

ἔνϑα μακάρων
νᾶσον ὠκεανίδες
αὖραι περιπνέουσιν.

Si aggiunga che probabilmente la statua non era
isolata, ma aveva numerose compagne. Quasi certa-
mente proviene dallo stesso monumento una grande
statua simile pure al Museo di Bengasi (inedita) e
notevoli analogie si notano nella statua di Costan-
tinopoli pure da Cirene: Reinach, Rép. II, 2 : 419,
3. = Mendel II, nr. 621 (Nike).

A mio giudizio la probabile ‚Aura‘ di Cirene è un
originale del IV. sec. e non lavoro romano. Il carattere
originale risalta con evidenza anche maggiore dalla
seconda statua, ancora inedita, che, come Le scrissi,
probabilmente faceva gruppo con questa.‘

Ob sich Antis Datierung des Torsos von Kyrene noch
in das 4. Jahrhundert vor Chr. in der Folge bestätigen
wird, scheint mir mehr als fraglich. Einstweilen steht sie
jedenfalls ganz allein. Es macht bedenklich, daß auch
E. Langlotz, der die Figur in Kyrene selbst gesehen hat,
für Entstehung in römischer Zeit eintritt. Dieser schreibt mir:
‚Vor dem Original war es mir keinen Augenblick zweifelhaft, daß es sich um eine römische Kopie handelt. Die Zeit
von deren Entstehung ist nicht ganz leicht zu bestimmen;
ich würde sie aber lieber in antoninischer Zeit als noch im
1. Jahrhundert suchen. Schon aus dem Grunde, weil die
meisten kyrenäischen Skulpturen jener Epoche (nach dem
großen Judenaufstand unter Trajan) angehören. Das 4. vor-
christliche Jahrhundert halte ich für ganz ausgeschlossen.
Gegen das 4. Jahrhundert scheint mir ganz entschieden das
Motiv des über den rechten Schenkel herabfallenden Ge-
wandes (das die Nike der Demetriosmünzen nicht hat) zu
sprechen, das ich vor dem 3. Jahrhundert so nicht kenne.

Die Arbeit scheint mir, was vor allem die harte Bohrung
der Falten betrifft, unmöglich griechisch zu sein. Das
Original der Figur möchte ich in die Nähe des Mädchens
von Antium setzen.'

Athen als künstlerische Heimat der Figur wäre an sich
glaubhaft, selbst wenn der Marmor sich nicht als pentelisch
herausstellen sollte. Die Beziehungen der reichen afrika-
nischen Handelsstadt Kyrene zu Athen waren ja schon vom
4. Jahrhundert ab äußerst rege. Auswärtige Aufträge zu
großen Grabdenkmälern würde man in Athen gerade zu
Ende des 4. Jahrhunderts um so lieber entgegengenommen
haben, als dergleichen dortselbst durch das bekannte Verdikt
des Demetrios Phalereus unmöglich geworden war. Die
Verbindungen der beiden Städte werden aber auch in den
folgenden Jahrhunderten nicht abgerissen sein.

Auch ob der Torso wirklich mit anderen verwandten
Figuren zu ein und demselben Grabmal in Kyrene gehört,
und ob er als eine ‚Aura‘, wie Anti meint, zu verstehen ist,
scheint mir mehr als zweifelhaft.

So auch G. K r a h m e r, dessen Blick für hellenistische
Plastik ja jetzt besonders geschult ist, der freilich auch nur
nach den Photographien, die ich ihm vorlegte, urteilen konnte:

‚Mir scheint (bei der Hauptstatue), daß der Kopist
recht gemantscht hat. Das Gewand liegt unorganisch auf
dem Oberschenkel. Merkwürdig ist auf der Rückseite die
strenge, viereckige Begrenzung der Haarpartie und die
ebenso streng wirkenden kleinen Bogenfalten darunter.
Aber natürlich ist 5. Jahrhundert ausgeschlossen. 4. Jahrhundert ist es auch nicht. In die hellenistische Zeit wüßte
ich die Figur auch nicht einzufügen. Ich glaube also, daß
es sich hier um eine teilweise flott gearbeitete römische
Schöpfung handelt, die verschiedene klassische Werke oder
Motive, sei es bewußt, sei es unbewußt, benutzt. — Die
andere Figur (eine von den ‚Aurai‘) macht dagegen einen
ausgezeichneten Eindruck. Vorausgesetzt, daß die Photos[75a]

---

[75a] Ihre Veröffentlichung haben sich die italienischen Kollegen vor-
behalten.

nicht täuschen, möchte ich sie in den Beginn des 2. Jahrhunderts v. Chr. setzen. Ob Kopie oder Original, möchte ich
nach den Photographien allein nicht zu entscheiden wagen.
Jedenfalls ist es ein schönes Stück, an dem man Freude hat.
Viertes Jahrhundert erscheint mir ziemlich ausgeschlossen
oder, besser gesagt, ganz ausgeschlossen. Natürlich ist ein
Urteil allein nach Photos immer gefährlich. Diesen Vor-
behalt muß ich schon machen.'

Handelt es sich bei der uns hier zunächst interessieren-
den Gestalt (Taf. II und III) um eine für sich allein gedachte Figur, so ließe sich bei der kolossalen Größe auch an
eine vorwärtsstürmende Athena denken, bei der das Haar
unter korinthischem Helm ja des öfteren so breit und tief
in den Nacken wallt. Das Fehlen der Aegis spricht nicht
unbedingt gegen eine Pallas. Wie dem immer auch sei, jedenfalls ist und bleibt der Torso von Kyrene ein, wenn auch
mit anderen Elementen durchsetzter, Nachklang der Nike
des Demetrios Poliorketes, so wie dieses Siegesdenkmal den
Münzprägungen des Königs zufolge gedacht werden darf.
Und gerade, wenn der Torso eine späte Arbeit darstellt, ist
er ein um so bedeutsameres Zeugnis für die lange und
starke Nachwirkung seines frühhellenistischen Vorbildes.
Der über dem rechten Oberschenkel nach vorne herabfallende
Mantel wäre freilich schon von der Umschöpfung, wie sie
in Samothrake vorliegt, übernommen. —

Nun aber die N e u b e a r b e i t u n g in der Gestalt von
S a m o t h r a k e ?

Ist es von vornherein glaublich, ja auch nur wahrscheinlich, daß die herrliche Gestalt n u r dort auf der ab-
gelegensten, rauhesten und unzugänglichsten Insel der ganzen
Ägäis einst vorhanden war? Ist sie nicht vielmehr vor allem
dort zu erwarten, wo der geistige, symbolische und religiöse,
wenn auch nicht gerade der politische Mittelpunkt der gesamten griechischen Inselwelt lag? Dort, wo ihr Stifter,
Antigonos Gonatas (319—239), der kraftvolle Erneuerer des
makedonischen Königtums — in allem so viel nachhaltiger
als sein stürmisch dem Augenblick hingegebener Vater —,

sich nicht nur durch Stiftung mehrerer Königsfeste, sondern auch durch noch andere monumentale Weihgeschenke zu eben jener Zeit aufs eindrucksvollste verewigt hat, und aus deren Gruppe eine Verherrlichung des Seesieges bei Kos kaum wegzudenken ist! War es doch in hellenistischer Zeit geradezu festes Herkommen geworden, daß wie vorher, in archaischer und klassischer Zeit, vorwiegend in Delphi, so jetzt auch auf Delos alle politisch wichtigeren Ereignisse ihren künstlerischen Niederschlag fanden in bedeutsamen Anathemen, Bauten oder Skulpturen. Das jeweils zu feiernde Faktum erhielt dadurch jedesmal erst seine rechte Bekanntmachung für Mit- und Nachwelt, seine Plakatierung gleichsam, der Stifter stellte sich mit seiner Tat damit erst feierlich vor vor aller Welt.

Also: e i n, wenn nicht d a s Hauptexemplar dieser Nike einst auf D e l o s, im Temenos des Apollon, wo die Weihgeschenke der verschiedensten, auch einander feindlichsten hellenistischen Fürsten schließlich friedlich beieinander standen, geschützt durch eine Art heiliger, jedenfalls sehr weitherziger Neutralität! [76]

Welchen Wert Antigonos Gonatas darauf gelegt hat, gerade hier, im Zentrum des von seinem gleichnamigen Großvater um 315/4 gestifteten Nesiotenbundes,[77] seine dem mächtigen ägyptischen Rivalen gegenüber aufs neue erkämpfte Vormachtstellung nachdrücklichst zu verewigen, das ergibt sich aus drei eben damals von ihm gemachten Stiftungen, deren jede mit Recht Aufsehen erregen mochte:

1. Die nicht weniger als 21 Figuren umfassende Bronzegruppe seiner Ahnen, der πρόγονοι. Der lange Sockel mit vielen Standspuren der geraubten Statuen darauf und die Weihinschrift sind noch erhalten.[77a]

[76] Vgl. W. König, Der Bund der Nesioten (Diss. Halle 1910), S. 61/62. W. Kolbe, Gött. gel. Anz. 1916, 452 ff. Tarn in I. H. S. 1924 (XLIV), 141 und jetzt Kolbe und Tarn ebenda 1930 (L), 20 ff.

[77] Ebenda, S. 11 ff. Dürrbach in B. C. H. 1907, 214 ff. Th. Lenschau in Bursians Jahresber. Bd. 180 (1919), 208.

[77a] Exploration de Délos, fasc. V, 1912 (Courby). Le Portique d'Antigone, p. 74 ff.

2. Die stattliche dorische Wandelhalle, die von nun an
den heiligen Bezirk gegen Norden hin monumental abschloß,
mit dem markanten Symbol von Stierköpfen mitten auf den
Triglyphen und mit der langen Weihinschrift des Königs
auf dem Architrav.[78]

3. Sein eigenes siegreiches Flaggschiff aus der Schlacht
bei Kos, unerhörterweise in natura zum ewigen An-
denken dem delischen Gott dargebracht.[79]

Das lange, schmale Kriegsschiff bedurfte zu seiner
Konservierung natürlich eines schützenden Obdachs. Die
von Couchoud und Sboronos[80] vorgeschlagene Erklärung
jenes merkwürdig langen und schmalen Baues, der im Schat-
ten der Stierkapitelle seiner Innenstützen das Geheimnis
seiner wirklichen Bestimmung unter dem Schleier der nichts-
sagenden Bezeichnung ‚Stierhalle‘ immer noch verbirgt, —
der Vorschlag der beiden Gelehrten, in diesem ganz singulären
Bau ein $νεώσοιχος$ ganz besonderer Art, das Gehäuse, d. h.
einen hier notgedrungen langgezogenen Thesauros für
Antigonos' Schiffsanathem zu sehen, ist mehr als nur ein
geistreicher Einfall. Zwar ist er durch Sboronos' üppig
wuchernde Phantasie in jenem Aufsatz mit viel zu weit
gehenden, unhaltbaren Kombinationen aufs ungünstigste
durchwachsen, so daß seine Ablehnung durch R. Vallois
(Journ. des Débats 1922, 25. März, abgedruckt Revue arch.
1922, 2, p. 338—340) verständlich ist. Aber der Hauptge-
danke war doch zweifellos richtig: in dem kegelbahnartig
langen schmalen Mittelteil des Baues muß $ἡ$ $Ἀντιγόνου$ $ἱερὰ$
$τριήρη$, $ἡ$ $Ἀντιγόνου$ $ναναρχίς$, sein auf korinthischer Werft er-
bautes Flaggschiff $Ἰσθμία$, mit dem aus dem hinteren Teil
hervorsprießenden heiligen Eppich in der dafür eigens vor-
gesehenen Bettung in majestätischer Ruhe gelagert gewesen

---

[78] Tarn in Cambridge Ancient History VII (1928), 713/14.

[79] Ausführlich dazu W. W. Tarn in J. H. S. 1910, 209 ff.

[80] B. C. H. 1921, 270 ff. mit Rekonstruktionsskizze von Orlandos, p. 283,
welche den prostylen Eingang im Süden richtig mit sechs Säulen in
der Front und zwei dahinter angibt.

sein.[81] Ein anderer vernünftiger Zweck als der, ein Schiffs-
behälter zu sein, läßt sich für diesen Raum überhaupt nicht
ausdenken. Nur über die Frage, welches Schiff darin
saß, könnte man streiten.[82] Wirklich schwierig wird das Problem erst mit dem
wie ein Adyton abgeteilten Raum am Nordende des Gebäu-
des. Seine Deutung ergeben folgende Tatsachen: das wiederum oblonge Format seines Grundplanes; der vorhandene
Rest eines länglich schmalen, nach Norden noch schmäler
werdenden, etwa trapezförmigen Granitsockels;[83] die Öffnung des ganzen Obergeschosses — die französischen Annahmen sind hier sicher richtig — durch große, ringsum
laufende ‚Fenster‘ zwischen schlanken ionischen Parasta-

---

[81] Vgl. W. Tarn: J. H. S. 1910, 209 ff.

[82] R. Vallois' Angaben (a. a. O.), der Bau sei anscheinend noch v o r
Antigonos, und zwar von Ptolemaios I. erbaut worden, hat W. Tarn,
B. C. H. 1922, 473—475, veranlaßt, eine ganze Folge von Schiffen,
die sich alle eben an dieser Stelle der Reihe nach befunden hätten,
anzunehmen: die alte Festtriere in älteren, für ihre Bergung be-
stimmten Gebäuden — den spätestens im Jahre 286/85, gleichzeitig
mit dem Niedergang des Demetrios, durch Abfall des Admirals Philokles
an Ptolemaios I. verlorengegangenen 15-Ruderer des Demetrios
(Pollux I, 82), von Ptolemaios dann möglicherweise in einem Neu-
bau, eben der ‚Stierhalle‘, an dieser Stelle geweiht —, das Flaggschiff des Antigonos Gonatas aus der Schlacht bei Kos, an Stelle
des eben genannten 15-Ruderers im selben Bau. Diese ganzen Über-
legungen, welche darauf hinauslaufen würden, in der ‚Stierhalle‘
ein von dem nunmehr in ägyptischen Diensten stehenden sidonischen
Fürsten Philokles gestiftetes Bauwerk zu sehen — wozu die
knienden Stierprotomen nicht übel passen würden, übrigens
auch die hohen, auf Delos dem Philokles verliehenen Ehren —,
werden aber hinfällig, sobald die Voraussetzung dafür, daß näm-
lich Vallois' These zutrifft, nicht mehr gegeben ist. Diese fällt
aber zugleich mit der von diesem vorgeschlagenen Identifizierung
des Gebäudes mit dem bisher nur durch Inschriften (Dürrbach,
Inscr. de Délos n. 290, S. 229 ff.) bekannten ‚Pythion‘, einer Gleich-
setzung, an welche ich — wenigstens nach den bisherigen Mitteilungen hierüber — nicht glauben kann.

[83] Am genauesten dargestellt auf dem sorgfältigen Plan Lefèvres' in
Explor. Fasc. V, Fig. 2. Ergänzt dann von Orlandos in B. C. H. 1921,
p. 283, Fig. 1.

den;[84] der darüber hinlaufende Relieffries mit heftigen
Kampfszenen (auch Reitern und auf Felsen sitzenden Figuren).[85]

Daraus darf man folgern: auf dem schmalen trapezförmigen Granitsockel einst Aufstellung einer Schiffstrophäe
— eine solche kann bei einem Sockel solcher Form in
Frage kommen —; hoch oben auf ihr irgendwie ein Siegeszeichen, das durch die Öffnungen der ‚Laterne‘ oben auch nach
außen hin sichtbar sein sollte: ein Tropaion oder — eine Nike.

Die Absonderung dieses Nordraumes wie eines ganz
im Hintergrunde liegenden Allerheiligsten, seine im Ver-
gleich zu dem niedrigeren Mittel- und Vorbau doppelte
Höhe beweist, daß ihm und seinem Inhalt ein ganz besonderer Wert beigemessen worden ist. Der Fries mit den
Kampfszenen besagt, daß es sich um Verherrlichung und
Verewigung eines Sieges oder mehrerer Siege — wenn wirklich auch Reiter dabei vorkommen — handeln muß; die unmittelbare Verbindung mit dem Schlachtschiff in natura
davor, daß dies ein Sieg oder — zusammenfassend — die
Siege desselben Stifters gewesen sein müssen.

Schon Couchoud und Sboronos hatten ein Schiffshinter-
teil — nach dem Muster des lindischen Felsreliefs — hier
rekonstruiert, und zwar als den Rest der alten mythischen
Festtriere aus Theseus' Zeiten, der als ehrwürdige Reliquie
grauer Vorzeit damals eine pietätvolle neuzeitliche Aufstellung dort gefunden hätte. Abgesehen davon, daß für
dies alte Festschiff der Temenos von Delos als Aufbewahrungs-
ort gar nicht erwiesen ist, würden die Kampfszenen im Fries
darüber dann sinnlos und ohne Beziehung sein. Darum
ist eine Kriegstrophäe das viel Wahrscheinlichere. Dann
aber kann es nur ein Schiffs v o r d e r teil, nicht ein -hinter-
teil gewesen sein — nur ἀκρωτήρια pflegte man in diesem
Sinne zu weihen — mit der vordem so zu fürchtenden Spitze

---

[84] Vgl. Orlandos, ebenda; richtiger bei Vallois, C. R. A. I. 1912.
p. 110/111, Fig. 3.
[85] Vgl. Homolle, B. C. H. 1884, p. 420/21; Furtwängler, Arch. Zeitg.
1882, 365.

(der Form der Basis nach) nach Norden gerichtet, in kurzem Abstand anschließend also an Antigonos' Admiralsschiff; von diesem nur durch die Stierpfeiler-Durchgänge getrennt und irgendwie hinten abgeschlossen. Dann wird es auch nicht nötig sein, den Sockel dieser Schiffsprora so hoch und kahl anzunehmen, wie es Orlandos (B. C. H. 1921, p. 283) getan hat. Der Vorderteil eines Kriegsschiffes mit seinem Rammsporn und seinem Aufbau beansprucht selbst schon eine beträchtliche Höhe.

War diese Prora mit ihrem Siegeszeichen nun ein in Marmor ausgeführtes Monument? oder das abgesägte Kopfstück eines feindlichen Schiffes der ptolemäischen Flotte in natura? Nur dies Letztere ist denkbar. Es hätten sich von einem marmornen Siegesmonument solcher Größe und Massigkeit unbedingt noch irgendwelche Reste finden müssen, wenn sich sogar vom zierlichen Fries des Gebälkes ringsum so zahlreiche Trümmer erhalten haben! —

Endlich die letzte Frage: welcher Art war das krönende Siegeszeichen oben auf der Prora? Es muß von Wichtigkeit gewesen sein, seinetwegen waren ja die Wände oben ringsum weit geöffnet; es sollte gesehen werden und nicht nur als Dekoration.

Eine großartige Nike wie die von Samothrake also? Und deren leibhaftige Schwester? — Ich habe diesem Gedanken lange nachgehangen und glaube ihn, allen Bedenken entgegen, nach reiflicher Überlegung auch jetzt noch festhalten zu dürfen. Der Innenraum selbst würde nicht gegen die Aufstellung einer solchen Riesennike hier sprechen, wenn auch der Schiffssockel auf Delos noch mächtiger war als der auf Samothrake: ca. 2·40 × 6·50 m gegen nur 1·80 × 4·80 m dort.[86] Der Raum mißt ca. 8 × 12 m Weite, so daß der vor der Prora unten stehende Betrachter immer noch einigen, wenn auch nicht großen Abstand gewinnen konnte. Doch wäre die stürmische Bewegung einer solchen Nike nach vorne bei der ziemlich dicht davor stehenden nördlichen Ab-

---

[86] So zu ersehen aus Orlandos' Skizze a. a. O. und der von Conze, Unters. II, S. 55, mitgeteilten Zeichnung von Champoiseau.

schlußwand des Raumes schwer erträglich, wenn diese nicht
in ihrem Oberteil — und eben darum — weit geöffnet gewesen wäre. Das Motiv des Posaunens allein schon verlangt
dieses weite Sichauftun des Oberstocks, aus ihm vor allem
wäre die ungewöhnliche Anlage zu erklären. Wie mir R. Vallois schreibt, muß diese Nordwand unten tatsächlich geschlossen gewesen sein, da außen unmittelbar davor eine
lange Exedra, in den bisher veröffentlichten Plänen noch
nicht verzeichnet, steht. Daß die Nike auf ihrer Prora nach
der entgegengesetzten Richtung hinausführe wie das Flaggschiff des siegreichen Königs selbst, würde erst dann ein Anstoß sein, wenn erwiesen wäre, daß dieses wirklich so, wie
Orlandos es annahm, mit der Spitze gegen den Gebäudeein-
gang hingekehrt war, und nicht umgekehrt. Wie aber dann,
wenn der Genius des Sieges auf dem außer Gefecht ge-
setzten, erbeuteten feindlichen Schiff stürmisch voransegelte,
als himmlischer Vorbote, das königliche Flaggschiff gleichsam nach sich ziehend, zum Siege geleitend, Antigonos also
ihm folgend?!

Denkt man sich die Nike aus Marmor, so wäre ihr Gewicht bei ihrer kolossalen Größe für das Holzwerk des
Schiffes auf die Dauer freilich untragbar gewesen. Anders,
wenn sie ein dünner Bronzeguß war, wie man ihn sonst im
Freien aufzustellen pflegte. Ein vergoldeter, geschnitzter
Akrolith wäre für die krönende Statue die sonst allein noch
übrig bleibende Möglichkeit gewesen.

War es aber k e i n e Nike, die da oben stand — eine
überlebensgroße Porträtstatue des siegreichen Seekönigs
selbst erscheint an dieser Stelle nicht wahrscheinlich, sie
stand auf Delos (s. Nachtrag) an anderer Stelle! —, so bleibt
nur ein Tropaion, wie wir solches sehr wohl gerade auch auf
Schiffsproren kennen.[87] In diesem Fall also eine Schau-
stellung kostbarer feindlicher, erbeuteter Waffen, Schiffs-
zeichen, Ruder und Originalstandarten, etwa wie auf den
Brüstungsreliefs der pergamenischen Halle des Athena-

---

[87] Beispiele gesammelt bei K. Woelcke, Bonn. Jahrb. 1911, S. 152 ff.

bezirkes?[88] Durch die offenen Fenster konnten sie weit hinaus blinken und blitzen und waren doch vor den Unbilden der Witterung geschützt.

Schon bei Annahme eines solchen Siegeszeichens würde die unbefriedigende, gähnende Leere verschwinden, welche ein in der Weite des Raumes schmal aufragender Schiffssteven allein, ohne solche Krönung, hinterlassen würde, wie solches Orlandos' Skizze mit Unbehagen erkennen läßt.

Jedenfalls läßt sich das eine sagen: wenn es auf Delos überhaupt eine Nike für den Seesieg des Antigonos Gonatas gegeben hat, so kann sie nur hier, in unmittelbarer Verbindung mit seinem kostbaren Schiffsanathem ihren Platz gehabt haben. —

Die samothrakische Nike aber ist auch allein aus ihrem dortigen Standplatz heraus zu verstehen, auch wenn es nicht, wie hier zunächst hypothetisch angenommen, ein zweites Exemplar von ihr auf Delos gegeben hätte. Auf Samothrake war dieses Siegeszeichen des Antigonos Gonatas geradezu unerläßlich, nicht nur als auf der für ein Marinemotiv geeignetsten Stätte: im Temenos der zur See waltenden ,rettenden‘ Götter, der ἰσχυροί und δυνατοί hier im prägnantesten Sinne. Das Apollonheiligtum auf Delos war für die makedonischen Könige ganz gewiß ein stets heiß erstrebter Besitz, um ihre Seeherrschaft in der Ägäis als im Mittelpunkt des Ganzen dort eindrucksvoll zu manifestieren; aber Delos war doch ein immer mehr oder weniger internationaler und ,neutraler‘ Boden. Samothrake dagegen durften die Fürsten Makedoniens ganz anders als eine speziell zu ihrem Lande gehörige Domäne rechnen. Daß es Ägypten gelungen war, unter Ptolemaios Philadelphos und Arsinoë, im dortigen Kabirenheiligtum sich so breit zu machen und von Samothrakes überragender Bergeshöhe aus den Ausgang des Hellespont mit den ihn passierenden Kornschiffen so bequem zu überwachen, mußte Makedonien ein unerträglicher Dorn im Auge sein. Es war hohe Zeit, daß alsbald nach der endgültigen Niederkämpfung der ptolemäischen Seemacht bei

---

[88] Vgl. besonders Altertümer v. Pergamon II, T. 44.

Kos (259) und Andros (245?) [88a] die neue Oberherrschaft
der Inselwelt und ihres Nesiotenbundes, dessen Protektorat i. J. 286 aus makedonischen in ägyptische Hände
übergegangen war, sich deutlich auf Samothrake vernehmen
ließ und unter die Bautätigkeit Philadelphos' im Heiligtum der ‚großen Götter‘ dort einen endgültigen Strich zog.
Das ist geschehen, so daß niemals mehr weitere Ptolemäerbauten dort entstanden: eben durch die Aufstellung der
Nike auf ihrer dominierenden Höhe, an der höchsten
Stelle des heiligen Bezirkes, [89] alle Bauten und Weihgeschenke der Lagiden zu ihren Füßen stolz überragend,
überflügelnd, übertönend. Auch aus der politischen
Gesamtlage heraus, wie sie sich durch die neuen Funde
für die Topographie des samothrakischen Heiligtums
jetzt so klar ergeben hat, ist die Nike dort nur am Ende
der ptolemäischen Seeherrschaft, d. h. nur unter Antigonos
Gonatas, noch nicht unter Demetrios Poliorketes zu verstehen; erst nach Kos, noch nicht nach Salamis; erst um 250,
noch nicht um 300 vor Chr. ernsthaft denkbar.

Daß die beiden als Postament des Siegesgenius oder
Siegessymbols dienenden Schiffskörper auf Samothrake wie
auf Delos in ihrem Aufbau übereinstimmten, ist anzunehmen. Daß dieser Schiffsunterbau noch höher war als die
Aufstellung im Louvre und der Wiener Rekonstruktions-
versuch von Zumbusch es annehmen, läßt sich erweisen nicht
nur aus den am Fundplatz in Samothrake selbst gefundenen
Werkstücken, sondern auch aus dem Vorbild des Denkmals,
dem Siegesmonument, wie es für den Seesieg bei Salamis,
nach den bekannten Münzprägungen, schon Demetrios Poliorketes aufgestellt hatte.

Wie auf den Münzen wird auch in Samothrake das
Schiff als ein erbeutetes der feindlichen Flotte gedacht ge-
wesen sein. Die Verstümmelung des Vorderstevens, in der
Münzprägung deutlich gekennzeichnet, hatte schon Aßmann

---

[88a] Vgl. zuletzt W. Otto, a. a. O. S. 73.
[89] Am besten zu ersehen aus dem Geländequerschnitt durch den Temenos bei Conze, Unters. II, S. 5.

(Baumeister, Denkm. III, Sp. 1602) bemerkt. Dressel (Zeitschr. f. Numism. XXIV, 1904, S. 48) hat sie wieder betont und zuletzt besonders Newell a. a. O. p. 35 ff. Ein solch abgesägtes, rund umgebogenes oberstes Ende vom Vordersteven eines feindlichen Kriegsschiffes zeigt auch eines der pergamenischen Waffenreliefs (siehe oben).[90] Obwohl schon der s. Z. beste Spezialist für antikes Schiffswesen, B. Graser, ausdrücklich darauf hingewiesen hat,[91] ist der Schiffskörper der Prora bisher zu niedrig wieder zusammengesetzt worden. Die Nike hat sich ja nicht auf das Deck niedergelassen, sondern oben auf das flache, weit vorspringende Dach jenes kabinenartigen, vorne offenen Aufbaues auf Deck, in welchem der κελευστής seinen Platz hatte, der für die Ruderer die Befehle gab.[92]

Leider sind ja nicht alle Blöcke der Prora nach Paris gekommen; einige hat man bewußt auf der Insel zurückgelassen, weil man mit ihnen in der Deutung ihres Zweckes nicht zurecht kam.[93] Vielleicht gehört auch das marmorne Fragment eines Schiffsvorderteils, das Phardys noch 1892 im Strandgestrüpp liegend Otto Kern gezeigt hat (P. W. X, 1432), dazu. Doch ist ein Block vom oberen Abschluß jenes Kommandohäuschens im österreichischen Ausgrabungs-

---

[90] Es sei wenigstens darauf hingewiesen, wie der Bericht der Seeschlacht beim cyprischen Salamis gerade auch Züge hervorhebt, welche als prägnante Elemente und Attribute der Nikeprägung wie des Nikedenkmals vom Künstler beabsichtigt und offenbar aus jenen Tatsachen des historischen Vorgangs geschöpft sind: die führende Stellung der κελευσταί, das Dröhnen der zum Angriff blasenden Posaunen, die stolze Rückkehr der siegreichen Armada, geschmückt mit den erbeuteten Schnäbeln der feindlichen Schiffe, und diese selbst als den Zug der Besiegten hinter sich her in den Heimathafen abschleppend. Diodor XX, 50 Ende — 52 (vor Beginn des Kampfes): εὐχὰς ἑκάτεροι τοῖς θεοῖς ἐποιοῦντο, καθάπερ ἦν ἔθος, διὰ τῶν κελευστῶν ... ὡς δὲ αἵ τε σάλπιγγες τὸ πολεμικὸν ἐσήμαινον ... Δημήτριος δὲ νικήσας ... τὰς ἰδίας ναῦς κοσμήσας τοῖς ἀκροστολίοις καὶ τὰς ἁλούσας ἐφελκόμενος τὸν πλοῦν ἐποιεῖτο πρὸς τὸ στρατόπεδον καὶ τὸν οἰκεῖον λιμένα.

[91] Bei Conze, Unters. II. 54.

[92] Belege dafür auf vielen antiken Schiffsdarstellungen.

[93] Vgl. oben Anm. 5.

werk mit abgebildet und von Graser dort auch ganz
richtig gedeutet worden (II, Taf. 61, 1). Der rechteckige
Ausschnitt auf dem nach Paris gekommenen obersten Deck-
block ist also zum Einsetzen dieses Häuschens, noch nicht
zum Einfügen der Nike bestimmt gewesen.

Die Riesengestalt der Siegesgöttin ist demnach noch
etwa anderthalb Meter höher aufgestellt zu denken, als wir
sie zu sehen mit Unrecht uns gewöhnt haben. Die Gesamt-
höhe des Anathems muß mindestens 6 m betragen haben. Die
ganze Prora war anscheinend einst bunt stuckiert.[94]

Man darf sagen: ohne dies stolze, hochragende Kopfstück — posaunende Nike auf hoher Prora — hätte dem
Anathem des Antigonos auch auf Delos das Beste gefehlt.
Sein Flaggschiff allein hätte bei aller Vorzüglichkeit seiner
elegant-schmächtigen, auf höchste Schnelligkeit abzielenden
Bauart doch das hier wichtigste Moment vermissen lassen
— eben den Ausdruck des S i e g e s, der Vernichtung des
Gegners. Und weiter: gerade wenn die Nike so hoch hinauf-
rückt mit ihrem Standort, würde auch die weite Öffnung
der Wandoberteile der architektonischen Einfassung, die
,Laterne‘, erst recht verständlich. —

Mit dem ,Monument des taureaux‘ auf Delos zu
operieren ist freilich ganz besonders schwierig, solange
seine endgültige und vollständige Veröffentlichung in den
schönen Bänden der ,Exploration‘ noch immer aussteht. Es

---

[94] So sind vielleicht die Reste roten und blauen Bekleidungsstucks
(vgl. Fröhner, Notes de la sculpt. ant. du Louvre [1884], p. 435) zu
verstehen, welche nach Champoiseau den Boden des rechteckigen
Raumes bedeckten, der die Prora nach den bisherigen Angaben
umschlossen hätte, und der so dringend noch der Aufklärung und
genauen Aufnahme bedarf. O. Kern, der (A. M. XVIII, 1893, 340)
eine Skizze davon gibt, betont mit Recht die Dringlichkeit einer er-
neuten Nachforschung gerade an dieser so wichtigen Stelle. Kern
hat auch feine weiße Stuckreste dort gefunden. Daß das apotropä-
ische Auge auf dem Schiff aufgemalt war, ist schon in Unters. II,
S. 82 vermutet worden. — Daß Nachforschungen dort sich noch
lohnen, beweist, daß Picard und Ad. Reinach 1910 unten im Bach-
bett, in 12 m Entfernung von der Nikebastion, noch die eine Hand
der Nike fanden (B. C. H. XXXVI. 1912, p. 351).

ist verständlich, daß sie immer noch auf sich warten läßt,
so eigenartige Rätsel gibt der seltene Bau auf. Was vorläufig von ihm bekannt gemacht oder über ihn geäußert
worden ist, reicht zu einer völlig einwandfreien Klärung
und Deutung in der Tat nicht hin.

Wenn ich trotzdem einen Beitrag zur Lösung der hier
schwebenden Fragen versuchen kann, verdanke ich es
der besonderen Freundlichkeit von R. V a l l o i s in Bor-
deaux, der mir in einem eingehenden Briefe verschiedene an
ihn gerichtete Fragen bereitwilligst beantwortet und darüber hinaus von seinen weiteren, noch unveröffentlichten
delischen Ergebnissen einiges mitgeteilt hat.

Homolle hatte seine eigene erste Deutung (Rev. arch.
1880, 92/93, B. C. H. 1884, 471 ff.) — κερατινὸς βωμὸς —
längst fallen lassen, nachdem sichere Reste des wirklichen
Hörneraltars an ganz anderer Stelle identifiziert werden
konnten.[95] Aber noch immer klammert sich die französische
Exegese der Ruine an die Idee eines besonderen Heiligtums
mit einer besonderen Opferstätte darin. So glaubt R. Vallois das in Inschriften (Dittenberger, Sylloge II, 588 =
Inscr. de Délos nr. 290 l. 229/7 und 442, B, l. 219) z. T. vermutete, z. T. erwähnte ‚Python‘[96] — in dem sehr wohl das
heilige Feuer gebrannt und die drei vergoldeten Statuen des
Apoll, der Artemis und Leto gestanden haben können! — bestimmt in dem fraglichen Bau zu erkennen. Gleichwohl muß
er zugeben, daß in dem langgestreckten schmalen Trakt
wirklich ein großes Schiff untergebracht worden sein
könnte: die heilige Festtriere. Doch wird er kaum irgendwo
Glauben finden mit der These, daß man diese Festtriere jedes
Jahr in ihre einzelnen Teile auseinandergelegt habe, um
sie dort unter Dach und Fach zu bringen, drinnen wieder
zusammengesetzt und dann im nächsten Jahr wieder aus-

---

[95] Vgl. C. R. A. I. 1908, 162 ff. und Mélanges Holleaux (1913), p. 57 ff.
(Courby).

[96] Vgl. Rev. arch. 1911, II, 91; B. C. H. 1882, 128; Roussel, Délos,
Colonie athénienne, p. 222, note 2; Vallois, Nouv. archiv. des miss.
scient. 1921, 213; derselbe in Journ. des Débats 1922, 26e mars.

einandergenommen und am Hafen zu neuer Fahrt aufs
neue zusammengesetzt habe, und so fort, immer wieder!

Auf solche Abwegigkeiten zu verfallen ist in Gefahr,
wer gewaltsam der natürlichen, von Couchoud und Sboronos
glücklich gefundenen und evident richtigen Erklärung sich
verschließt. Gewiß hat es ein Python auf Delos gegeben, anscheinend mit einem ewigen Feuer darin, auf das Kalli-
machos in seinem bekannten Hymnus sehr wohl angespielt
haben kann, aber der Platz, wo es stand, muß erst noch gefunden werden. Das ‚Monument des taureaux‘ ist es sicher
nicht gewesen. Es wäre wahrlich nicht das erstemal, daß
ein Bauwerk auf Delos zunächst am unrechten Platz gesucht
worden ist!

Die Stierhalle ist, wie auch Vallois ausdrücklich zu-
gibt, ein ganz einheitlicher Bau, nicht aus zuerst isoliert
stehenden Teilen nachträglich zusammengeschmolzen oder
aus älteren und jüngeren Partien später zusammenge-
wachsen, wie Homolle (Rev. arch. 1880, 92/93) zuerst anzunehmen geneigt war. Damit fällt nach dem eben Ge-
sagten aber auch die Notwendigkeit dahin, den Bau als v o r
280 vor Chr. entstanden anzunehmen, wie Vallois möchte.
Dies für die betreffende Inschrift angenommene Datum als
terminus ante quem kann sich ja höchstens auf das wirk-
liche, nicht aber auf das vermeintliche ‚Pythion‘ beziehen.

Die sehr genauen Angaben Homolles (B. C. H. 1884,
420 ff.) über die bei der Aufdeckung der Baureste gemachten
Skulpturfunde, die sorgfältigen Untersuchungen der eigen-
artigen Dachdeckung erst durch den französischen Architekten Nénot (B. C. H. 1884, 423/24), dann den dänischen
Architekten G. Poulsen (Mélanges Holleaux), endlich die
gewissenhaften Beobachtungen Vallois' selbst, die mancherlei
bisher Übersehenes oder Mißverstandenes erst richtiggestellt
haben, lassen deutlich folgendes erkennen:

Der langgezogene schmale Haupttrakt des Baues war
über seinem offenen Dachstuhl mit einem raffiniert aus-
gedachten System von Marmorziegeln derart fest abge-
dichtet, daß auch nicht das kleinste Tröpfchen Regen oder

Feuchtigkeit von oben ins Innere durchdringen konnte —
zur Verblüffung der dies verwundert feststellenden Techniker und schon Homolles (B. C. H. 1884, 425/26). Der große
lange Holzrumpf des darunter geborgenen Schiffes durfte
eben auf keine Weise durch die Witterung leiden.
Nicht einmal stickig und moderig durfte die Luft in
dem langen Gehäuse werden. Darum und zugleich damit
dieses nicht zu einem finsteren, lichtlosen Tunnel werde,
mußte es auch seitlich in Abständen Fenster haben, wie das
schon Nénot ziemlich richtig, Orlandos dann wieder weniger
zutreffend angenommen hatte.

Ebensolche Fenster, nur viel weiter und höher, hatte
aber auch der ‚Laternen‘-bau, das Kopfstück der ganzen Anlage, in seinem Oberteil. Die Lichtöffnungen in diesem
Oberteil sind also keineswegs durch die Notwendigkeit
eines Rauchabzugs für ein vermeintlich darin unterhaltenes
ewiges Feuer zu erklären; dafür wären sie ganz unnötig
groß! Wie unvorsichtig und feuergefährlich wäre es zudem
gewesen, in unmittelbarster Nähe gerade einer solchen doch
beständig zu nährenden ‚ewigen‘ Flamme ein so leicht
brennbares Objekt wie einen alten Schiffsrumpf, trocken
wie Zunder, zu lagern!

Auch die Reste der beiden marmornen Relieffriese,
gegenständlich aufs klarste voneinander unterschieden und
ebenso nach den Fundstellen genau zu unterscheiden, lassen
die verschiedene Bestimmung der beiden Bauteile, so wie
wir sie annahmen, deutlich erkennen: im langen Trakt, der
das seinem feuchten Element für immer entzogene Flaggschiff des Antigonos barg, ein Fries mit auf Seetieren
reitenden langbekleideten Nereiden, Tritonen, Delphinen
etc.[97] — alles also symbolische Andeutung des Meeres selbst,

---

[97] Fast lebensgroß, rühmend erwähnt schon von Furtwängler, Arch.
Ztg. 1882, 365. Die von ihm erwähnte Tritonplatte (mit einst in
Bronze angesetzten Schuppen an den Beinen) in Zeichnung abgebildet: Cat. of greek Sculpt. in the British Museum III, 273,
nr. 2220, Fig. 36. Wo dieser in seinem Hochrelief fast schon pergamenisch anmutende Marmorfries im Bau einst gesessen hat, ist
noch ganz unaufgeklärt. Umgab er vielleicht als ringsum laufende

zu dem das Schiff als solches an sich gehört. Im ‚Laternen-
bau' aber nur Friesstücke einer ausgedehnten Schlacht mit
heftigen Einzelkämpfen, auf Uferfelsen sitzenden Figuren
etc. . . . also die Andeutung einer Schlacht und ihrer Folgen.
Die eigentümlich langgezogene, trapezförmige Zu-
richtung des in diesem, den Kopf der ganzen Anlage bilden-
den Raum noch vorhandenen Granitunterbaues endlich
widersetzt sich der Eingliederung in jede bekannte Altar-
form, erklärt sich aber aufs natürlichste eben als Sockel
eines Schiffsvorderteils oder dessen unterste Lage selbst
schon, ganz wie bei der Nike von Samothrake. Vgl. Conze,
Unters. II, Taf. 63 und S. 55.

Einen Hinweis endlich auf den Bau als eine makedonische, nicht eine ptolemäische Stiftung gibt — vielleicht — auch das Motiv der Stierprotomen an den Pfeiler-
säulen des dreiteiligen Durchgangs vom Mittelraum zum
hintersten Raum, das ja dem Ganzen den unbestimmten
Namen der ‚Stierhalle' eingetragen hat. Der Ursprung
dieses orientalischen Motivs aus den persischen Königs-
palästen ist allbekannt, ebenso sein Eindringen in die griechische Welt auf Cypern (vgl. oben zu Salamis S. 24,
Anm. 55) und in Lykien. Für Antigonos Gonatas scheint
aber das Stiersymbol noch seine besondere Bedeutung
gehabt zu haben, so daß es der König, wie ein Signet
seiner Dynastie, höchst eindringlich mitten auf die Triglyphen der von ihm am Nordrand des Apollontemenos von
Delos erbauten Halle setzte (Explor. Fasc. V, p. 21 ff.,
Fig. 22—27). Er, der einmal mit den Versen der Ilias (XV,
201 ff.) als Poseidon selbst — nicht ohne leise Ironie — an-
gesprochen wurde (vgl. Tarn, a. a. O. p. 387), setzte damit

---

Brüstung den Rand des Bassins, in dem das Schiff ruhte? Die
Friesplatten waren nach einer Beobachtung von A. H. Smith mit
dem unteren Rand in eine ‚Plinthe' eingelassen. — Eine vollständige
und genaue Veröffentlichung all dieser Friesstücke wird man
gewiß von der abschließenden Veröffentlichung des ‚Monument des
taureaux' in der Exploration de Délos erwarten dürfen. — Un-
willkürlich denkt man an die Analogie des Münchener Poseidon-
frieses.

nur die symbolischen Gedankengänge seines Vaters Demetrios Poliorketes fort, der sich bekanntlich mit Stierhörnern
am Kopf als Seeherrscher darstellen ließ. Zugrunde liegt die
Vorstellung des P o s e i d o n s o h n e s. Poseidon ist ταύρεος.
(Hesiod, scut. 104; vgl. Farnell, Cults of the Greek States IV,
25 ff.) Ob der Stierkopf rein als dekorativer Schmuck, ganz
ohne irgendeine besondere symbolische Bedeutung ver-
wendet worden ist, scheint mir für so frühe Zeit fraglich.
Die ionische Halle vor dem ‚Odeion‘ in Ephesos gebraucht
noch in augusteischer Zeit den Stierkopf, der dort beider-
seits der Kapitell-Voluten ansetzt, jedenfalls sehr prägnant
als sakrales Symbol, nur auf einen anderen Gott bezogen:
Dionysos, den Herrn des Theaters. Das besagt deutlich das
Epheublatt im Stirnhaar dieser Stierköpfe, die es indes
nicht alle tragen. Vgl. Ö. J. H. XII, 1909, 207 ff. (Wilberg).
Wenn hingegen in vornehmen Wohnhäusern des 2. und
1. Jahrhunderts vor Chr. auf Delos solche Stierköpfe in den
Stuckgesimsen der Innenräume und auf gleichzeitigen Rund-
altären (an Stelle der sonst üblichen Bukranien) häufig vorkommen, so ist dies wohl richtig als rein dekorativer Nachklang des zuerst durch die Bauten des Antigonos auf der
Insel eingeführten und da noch prägnant gemeinten Motivs
verstanden worden. Daß auf diese Weise die Bewohner und
Stifter auf Delos sich als Anhänger der makedonischen
Partei bekannt hätten, wäre an sich noch bis 167 vor Chr.
möglich gewesen. Im Haus ‚du trident‘ waren die Stierköpfe mit einem Bronzedübel wieder mitten auf den Triglyphen befestigt, im ‚Haus des Dioskurides‘ saßen sie in der
Mitte der Metopen, im ‚Haus des Dionysos‘ in einem jonischen
Fries durch geknotete Binden guirlandenartig miteinander
verbunden, in einem anderen Fall bildeten Stierprotomen
konsolenartige Stützen zwischen Zahnschnitt und Geison.
(Vgl. Courby, Explor. Fasc. V, p. 40, mit der dort angeführten
Literatur.) Im Fries der ionischen Säulenhalle des zum
Artemistempel in Magnesia a. M. gehörigen Altars trugen
die Stierköpfe Guirlanden; hier weisen sie wie die
rosettenartigen Schalen dazwischen aber sicher nur auf die

einst dort darzubringenden Opfer hin. Vgl. v. Gerkan, Der
Altar des Artemistempels in Magnesia a. M. (1929), S. 9 ff. —
In welch bedeutsamen Zusammenhang der politischen
Ereignisse die Aufstellung einer Nike des Antigonos Gonatas auf Samothrake rückt, wurde vorhin schon gestreift.
Man braucht nicht mehr zu fragen: wie ist sie dort überhaupt möglich gewesen? Dort, wo noch kurz vorher nur der
erklärte Feind Makedoniens, das ptolemäische Ägypten, im
Temenos sich betätigt hatte wie in einer ausschließlich
ptolemäischen Domäne! Mit dieser war es eben seit Kos
und Andros vorbei.

Als ihre Domäne, als wichtigen Stützpunkt für ihre
politisch-militärischen Bestrebungen und die dadurch be-
dingte kühle Wirtschaftspolitik [98] am Nordrand der Ägäis,
an der thrakischen Küste und am Hellespont hatten die Ptolemäer — von Arsinoë an — Samothrake tatsächlich auch
angesehen, mit Fleiß gehegt und gepflegt. Der alexandrini-
sche Pharos [99] mit seiner Weihung an die θεοὶ σωτῆρες ganz
im Süden und die Weihungen an die damit identischen θεοὶ
μεγάλοι im äußersten Norden desselben Meeres entsprechen
einander ganz bewußt: man sieht, wie die große weitgespannte
politische Klammer, religiös gefärbt, an beiden Enden der
Ägäis gleichzeitig und übereinstimmend angesetzt wurde.

Nun ist man sich aber darüber völlig einig, daß es,
eben seit der Niederlage des Philadelphos in der Seeschlacht
bei Kos 259, auch mit seinem Protektorat auf Samothrake
zunächst vorbei gewesen sein wird. Die ägyptische Macht in
der Ägäis war für eine Zeitlang in der griechischen Inselwelt damit völlig gebrochen.[100] Und diese politisch bedeutsame Tatsache zum Ausdruck zu bringen, nicht nur im
Haupt- und Zentralheiligtum dieser Inselwelt, auf Delos,
sondern auch gerade in jenem anderen, zuletzt so aus-

---

[98] Vgl. W. König a. a. O. und besonders W. Kolbe im Hermes 1916,
    553 ff.; M. L. Fritze, Die ersten Ptolemäer und Griechenland (Diss.
    Halle 1917).
[99] Vgl. H. Thiersch, Pharos, S. 32.
[100] Beloch, Griech. Gesch.² IV, 1, 598; IV, 506 ff.

schließlich auf Ägypten und vorher auf seinen erbittertsten
Feind, Lysimachos von Thrakien, sich stützenden und doch
noch früher schon von seinen großen makedonischen Ahnen,
wie Philipp und Olympias, gepflegten nördlichen Heiligtum
der Kabiren, — das war durchaus etwas, was im Sinne des
immer klar staatsmännisch denkenden, auf die alten makedonischen Traditionen haltenden, zäh und umsichtig vor-
gehenden [101] Antigonos Gonatas gelegen haben muß. Darin
war dieser ja viel konsequenter als sein unsteter, ewig un-
ruhiger Vater Demetrios. —

So weit ist alles leicht verständlich. Aber nun kommt
die letzte Schwierigkeit: die Frage: w e r  war der
K ü n s t l e r dieser einen oder dieser beiden jüngeren Niken,
dieser Zwillinge von Delos und von Samothrake, die wir uns
als identisch in Aufbau und Auffassung denken?

Da ist es zunächst eine große Erleichterung, nunmehr
bestimmt zu wissen, daß wir mit d i e s e r Gestaltung der
Siegesgöttinnen nicht mehr an das 4. Jahrhundert gebunden
sind, daß es ein Künstler aus der Mitte des 3. Jahrhunderts
sein darf, den wir suchen, — ja sein m u ß nach allem.

Und wiederum genau wie bei der Demetrios-Nike von
Salamis darf auch bei der Antigonos-Nike von Delos und
Samothrake der Künstler zunächst unter den wirklich
Großen, den ersten Namen seiner Zeit gesucht werden. Von
so großer Selbständigkeit des Erfindens, geistiger Höhe,
Souveränität der Haltung und formaler Vollkommenheit, ja
leichter Genialität und erstaunlicher Virtuosität im Tech-
nischen ist anerkanntermaßen auch diese jüngere Ge-
staltung, die Neuschöpfung in ihrer Umstilisierung und
Weiterbildung, die uns erhaltene Leistung.

Auf der Suche nach dem Kunstkreis, aus dem das
sublime Werk stammen könnte, ist man immer wieder auf
R h o d o s,[102] die Vormacht im Nesiotenbunde, der auf

---

[101] Kaerst bei P. W. I (1894), 2413 ff.
[102] Dickins, Hellenistic Sculpture (1920). p. 47: ,a later version of the
statue possibly errected by Demetrios'. So in seinem Abschnitt
,The R h o d i a n School'.

Delos sein religiöses Zentrum hatte, verfallen, aus den verschiedensten Gründen.[103] Sollte das Material[104] der samothrakischen Prora wirklich der leicht kenntliche, graue lartische Stein sein, wie Dickins[105] vermutet hat, so würde ja tatsächlich der unumstößliche Beweis für rhodische Herkunft erbracht sein. Dieser Punkt sollte jedenfalls bald entschieden werden, und könnte es auch so leicht!

Wie dem aber auch sei, ich möchte in etwas anderem Sinn, als es früher einmal durch W. Klein geschehen ist,[106] den hervorragendsten rhodischen Künstlernamen, den wir aus dem 3. Jahrhundert kennen — wenn es schon ein überragender Künstler sein darf —, hier in Vorschlag bringen: Philiskos. Seine berühmte Musengruppe

---

[103] Es genüge zu erinnern an die sehr glückliche Formulierung, in die P. Wolters bei Springer[11] (1920), S. 365 (wiederholt 12. Aufl., S. 368), die jetzt geltende Anschauung knapp zusammengefaßt hat: ‚Wir besitzen in der Statue also die jüngere, vermutlich r h o d i s c h e Ausführung eines schon in der Zeit des Demetrios vorhandenen einfacheren Typus.' Ebenda auch die Ablehnung der Vermutung von Kabbadias, Eutychides könnte der Schöpfer der samothrakischen Nike sein. Im gleichen Sinne W. Amelung, Allg. Künstlerlexikon XI, 94.

[104] Hauser (Unters. II, 53) spricht von weißem Marmor mit einem intensiven Stich ins Blaue, durch größere Feinkörnigkeit und Härte vom thasischen Marmor bestimmt unterschieden. — Der Marmor der Nike selbst gilt seines warmen gelblichen Tones wegen für parisch.

[105] Hellenistic Sculpture, p. 47. Chr. — Blinkenberg, jetzt wohl der genaueste Kenner rhodischer Denkmäler, den ich um Rat fragte, und dem wir für den Laokoon eben mit Hilfe des lartischen Steines so wichtige Aufschlüsse verdanken (Röm. Mitt. XLII, 1927, 177 ff.), hat die Prora von Samothrake bisher daraufhin nie selbst untersucht. Dies sei aber einmal durch den verstorbenen K. F. Kinch geschehen, und vermutlich gehe auf dessen Angabe die Auffassung bei Dickins zurück. Über das Ergebnis von Kinchs Untersuchung wußte aber auch Kinchs Witwe nichts auszusagen. Nach einer freundlichen Mitteilung Et. Michons wäre der Stein laut Urteil der besten Thasos-Kenner doch t h a s i s c h e r Marmor.

[106] Österr. Jahreshefte 1913, 190. Vom antiken Rokoko, 119 ff.

kennen wir bisher allein aus mancherlei Nachklängen,[107] von
seinen anderen, ebenfalls nach Rom entführten Werken nur
die Namen: Apollon Kitharodos, Artemis, Leto,[108] — mit
Ausnahme eines ebenso später in Rom befindlichen nackten
Apoll alles lang und reich gewandete Gestalten in virtuosem
Faltenstil.

Nachdem man den Künstler ohne Not eine Zeitlang
in drei Jahrhunderten hin und her geschoben hat und ihn
jetzt dem 3. Jahrhundert, wohin er ausschließlich gehört,
wieder zuzuteilen wagt,[109] glaube ich in ihm, Philiskos, den
Meister der Nike von Samothrake ansprechen zu dürfen. Es
verlohnt sich, die Charakteristik, die man, ohne an unsere
Nike zu denken, nur auf seine Musen blickend, von seinem
Gewandstil formuliert hat, angesichts der samothrakischen
Nike sich noch einmal vor Augen zu halten. Ihre herrliche
Draperie könnte nicht treffender beschrieben und bewertet
werden, als dies unbewußt durch so feinfühlige Kenner
wie W. Amelung[109a] oder durch Wilh. Klein[110] geschehen
ist. So, als Amelung von den in ihrer Draperie so äußerst
gegensatzreichen Musen sagte, worauf es diesem Künstler
angekommen sei: auf reiche Abwechslung in eleganten
und graziösen Stellungen und ,in der Gewandung auf
eine virtuose Darstellung der compliziertesten Arrangements
und die feinsten, raffiniertesten Effekte in der Contrastierung'
seidenweich durchschimmernder oder schwererer, in reicher
Fülle sich ausbreitender Stoffe. Oder W. Klein: ,Ein un-
gemeines technisches Können, eine meisterhafte, durchaus
großzügig malerische Behandlung, die es verständlich macht,
daß dieser Mann auch im Malerbuche des Plinius steht, von
einer Fülle von Lichtern belebt.' Solche Konkordanz ist auch

---

[107] Basis v. Halikarnaß. Archelaosrelief, Musen aus den Faustina-
thermen von Milet. Vgl. zuletzt K. A. Neugebauer bei Th. Wiegand,
Milet I, 9 (1908), S. 118 ff.

[108] Plin. 36, 34. — Overbeck, Schriftqu. nr. 2207.

[109] So zuerst wieder Watzinger, Relief des Archelaos, S. 13. Für die
Musen: G. Lippold in Röm. Mitt. XXXIII, 1918, 102.

[109a] Die Basis des Praxiteles aus Mantinea, S. 82.

[110] Ö. J. H. XVI, 1913, 190.

ein Beweis für die Richtigkeit unserer Vermutung und
nicht der schlechteste.

Dazu kommt ein weiterer äußerer, aber zeitgeschicht-
lich wichtiger Umstand: eben um jene Zeit, da das Anathem
in Auftrag gegeben wurde, d. h. zur Zeit der Seeschlacht bei
Kos, ist ihr Stifter, Antigonos Gonatas, mit Rhodos eng ver-
bündet: in etwa derselben Zeit schlägt ja die rhodische Fotte
unter ihrem Admiral Agathostratos die ptolemäische Flotte
ebenfalls, und zwar bei Ephesos.[111] Die speziellen Beziehungen von Rhodos zu Delos sowohl wie zu Samothrake und seinen Kulten sind inschriftlich leicht zu belegen.[112] Daß es,
wenn auf irgendeiner hellenistischen Insel, so auf Rhodos, an
Denkmälern, welche Nike auf einer Prora darstellten, nicht
gefehlt haben kann, liegt auf der Hand. Selbst als die stolze
Seemacht von Rhodos im Jahre 42 vor Chr. endgültig gebrochen ist, prägt man dort in wehmütiger Erinnerung an
die glorreiche Vergangenheit mit eben diesem alten Sieges-
symbol noch immer weiter.[113]

Philiskos hätte sich also an Bryaxis angeschlossen,
hätte dessen Stil in einer prächtigen Verjüngung bis zu einem
nicht mehr weiter zu überbietenden Höhepunkt fortgesetzt.
Das könnte am wenigsten auf Rhodos wundernehmen, wo
es von dem älteren Meister, wie erwähnt, nicht weniger als
fünf Kolossalstatuen gab, und in den mit Rhodos befreun-
deten benachbarten Städten Knidos und Patara noch andere
hervorragende Werke.[114] Man könnte sagen: eine solche
Philiskos-Nike müßte sich zur Bryaxis-Nike ebenso ver-
halten haben wie der Apollon Kitharodos des Philiskos —
nach Ausweis des Archelaosreliefs — zu demjenigen des
Bryaxis in Daphne. Die Zusammenhänge, Übereinstimmun-
gen und Umbildungen in eine jüngere Stilweise sind in den
beiden Fällen ganz dieselben.

[111] Beloch, Griech. Gesch.² IV, 1, S. 597. — Tarn, Antigonos Gonatas,
p. 378.
[112] Z. B. B. C. H. 1907, 357 ff.
[113] Catal. of coins. Caria and Islands, pl. XLII, 1—5 und 9—12; Clara
Rhodos I, p. 33, Fig. 13, 2 (Domitian).
[114] Siehe oben S. 28, Anm. 72.

Erwiese sich diese These als richtig, so hätten wir als
bedeutsamen Gewinn: Philiskos von Rhodos endlich in
einem köstlichen Originalwerk bewundern zu können und
nicht mehr auf die hundert Jahre späteren Nachklänge
seiner Musengruppe allein angewiesen zu sein.[115]

Doch ich verhehle mir, auch angesichts der stilistischen
Koine, die zu jener Zeit die früheren Schul- und Stammes-
unterschiede schon erheblich verwischt hatte, das Gewagte
in der Einengung der Möglichkeit auf diesen einen großen
Künstlernamen nicht. Wem dieser Vorschlag zu kühn und
der Name Philiskos zu hoch gegriffen erscheint, der hätte
gerade in Verbindung mit Rhodos die Möglichkeit, noch an
einen anderen Künstler des 3. Jahrhunderts vor Chr. zu denken:
an Phyles, des Polygnotos Sohn, aus Halikarnaß (E. Löwy,
Künstlerinschriften, S. 142, nr. 177 bis 180; K. Schumacher
in Rhein. Mus. 1886, 223—227; W. Tarn, Antigonos Gonatas, p. 469, I. G. XI, 4, nr. 1128). Dieser eben damals für
bedeutsame Ehrenstatuen vielfach herangezogene Bildhauer
aus der dorischen Peräa — Hiller von Gärtringen (Jahrb. d.
Inst. IX, 1894, 38) hat ihm nicht weniger als sieben Inschriften solch monumentaler Ehrungen zugeteilt —, der bei
seinen Zeitgenossen hohes Ansehen genossen haben muß
— er führt das Ehrenprädikat εὐεργέτας —, hat jedenfalls
gerade damals eine Art Paralleldenkmal zu unserer vermute-
ten Antigonos-Nike — und das auf Delos — auszuführen
gehabt: die Statue des siegreichen rhodischen Admirals
Agathostratos, der ungefähr gleichzeitig mit dem Sieg des
Antigonos bei Kos die ptolemäische Flotte bei Ephesos entscheidend geschlagen hatte (Dittenberger, Sylloge³, 455;
A. Wilhelm, Ö. J. H. 1905, 1 ff.). Vgl. oben S. 53.

---

[115] Für diese Zusammenhänge Philiskos—Bryaxis oder Nike von
Samothrake—Mausoleumsskulpturen darf noch auf H. Bulle ver-
wiesen werden, der seine vorzügliche Charakteristik der samothrakischen Nike (Der schöne Mensch, 2. Aufl., Sp. 295 ff.) damit
beschließt, daß er die Anfangsstufen ihres malerisch-jonischen Stils
außer in der Niobidengruppe auch in den fragmentierten Resten
vom Mausoleum sieht. Er denkt dabei freilich an Skopas.

Jedenfalls erscheint Phyles durchweg als Erzgießer.
Wie in Ton für Erzguß modelliert erscheint aber auch die
reiche Detaillierung im Gewand der samothrakischen Nike,
wie in Bronze gedacht die fast blechartig dünn abstehenden
Teile des im Rücken zurückwehenden Mantels, die weit
ausladenden Arme und Flügel. Es ist fast merkwürdig, daß
niemand bisher — abgesehen vielleicht von Franz Winter,
der, wie ich höre, in seinen Vorlesungen stets die Meinung
vertrat, die Nike von Samothrake sei nur der Widerschein
eines verlorenen Originals, als dessen Schöpfer er sich (wie
Studniczka) am liebsten Eutychides, den Erzgießer, dachte,
— daß niemand bisher an die Wiedergabe von Bronze-
technik bei der samothrakischen Nike gedacht zu haben
scheint, geblendet eben durch die herrliche Bravour des
nachfühlenden Meißels im Marmor und Rechnung tragend
der Tatsache, daß solche im Material begründete Stilunter-
schiede damals gleichfalls schon weitgehendst verwischt
sind. Ein Bronzeguß in der damals möglichen Dünne wäre
bei der Nike auch in solch kolossalem Maßstab noch keine
zu starke Belastung für den Holzkörper der Prora darunter
gewesen. (Vgl. oben S. 40.) Dieser allein erforderte, wie schon
gesagt, als Wetterschutz die geschlossenen Mauern unten
und das Dach oben darüber; die krönende, vielleicht ver-
goldete Erzfigur aber verlangte gebieterisch den Durch-
blick der Wandausschnitte der ‚Laterne'. Vgl. oben S. 39.

Weiter wäre bei einem Manne wie Phyles aus Halikarnaß besonders verständlich, wie man bei der kunstge-
schichtlichen Einschätzung unserer Nike auf einander sich
so antipodisch gegenüberstehende Stilweisen verfallen konnte:
auf irgendwie eine Nachfolge des großen Erzgießers Lysipp
einerseits (Benndorf, Kabbadias, Studniczka), auf die male-
risch jonisch dekorative Art Kleinasiens andererseits (Newton, Rayet, Bulle). Ein solcher Künstler muß (wenn er für
Rhodos und dessen Verbündete tätig war) beides in seiner
Kunst vereinigt haben. Diesen günstigen Umstand hätte
Phyles vor Philiskos sogar voraus —, wenn dieser nicht
etwa auch solch kleinasiatischer Herkunft gewesen ist, was

keineswegs unmöglich wäre. Da aber alle Werke des Phyles,
soweit wir wissen, Porträtstatuen gewesen sind, so wird
ihm ein so bedeutender idealer Wurf wie die samothrakische
Nike schwerlich zuzutrauen sein und er selbst eher als ein
guter Durchschnitt denn als eine außerordentliche schöpferi-
sche Kraft anzusehen sein. Damit kommen wir doch
wieder auf Philiskos zurück. Auch zeitlich scheint Phyles
zu spät, mehr in der zweiten Hälfte des 3. Jahrhunderts tätig
gewesen zu sein.

Daß das durch das Siegesdenkmal des Demetrios in
die Welt eingeführte imposante Motiv auf einer Insel wie
Rhodos Schule machen mußte, ist einleuchtend. Das Marmor-
Anathem, das von einem uns leider unbekannten Nauarchen
und seinen beiden ihm unterstellten Trierarchen sowie der
gesamten Schiffsbesatzung auf die Akropolis von Lindos geweiht worden ist — es ist nur eines einer ganzen Reihe
gleichartiger Denkmäler dort —, stellte das Vorderteil einer
Trihemiolia dar; also eines jener kleinen ungepanzerten,
aber ungemein schnellen rhodischen Kriegsschiffe, welche
bei dem zu feiernden Seesieg sich besonders hervorgetan
haben müssen (vgl. Bulletin de l'Acad. R. de Danmark 1905,
p. 48 ff.). Oben auf dem Bug des Schiffes ist noch die Ein-
satzspur einer krönenden Figur zu erkennen, in welcher
wohl mit Recht eine Nike vermutet wird. Die Künstlerinschrift, die dies Schiffsdenkmal einst getragen hat, ist
heute verloren; daß Phyles der Künstler war, ist sogar un-
wahrscheinlich. Da Agathostratos hier erst Trierarch, noch
nicht Nauarch ist, muß der gefeierte Sieg noch vor den Seesieg bei Ephesos fallen, also in eine anscheinend noch vor
Phyles' Tätigkeit liegende Zeit.

Leider läßt sich die Zeit des Phyles mit Sicherheit
noch nicht genauer bestimmen. Chr. B l i n k e n b e r g, den
ich darum anfragte, hatte die Freundlichkeit, mir folgendes
noch mitzuteilen:

,Wir haben in Lindos im ganzen zehn oder elf Inschriften mit dem Künstlernamen *Φύλης Ἁλικαρνασσεύς* gefunden. Die meisten davon enthalten auch den Namen des

eponymen Athena-Priesters. Ich zweifle nicht daran, daß es
künftig möglich sein wird, die Zeit des Phyles ziemlich
genau zu bestimmen. Das läßt sich aber nur tun in Verbindung mit einer Aufrollung der ganzen lindischen Pro-
sopographie, die ich augenblicklich nicht in Angriff nehmen
kann. Keine von unseren Inschriften enthält eine glatte
Zeitangabe — außer dem Priesternamen, der aber leider erst
selbst zeitlich bestimmt werden muß. Vorläufig vermag ich
unseren Inschriften nur die nachstehenden chronologischen
Anhaltspunkte zu entnehmen:

1. Phyles war offenbar recht lange in Lindos tätig,
was schon aus der wechselnden Form seiner Signatur hervorgeht.

2. Die lindischen Priesternamen, die mit der Signatur des Phyles verbunden sind, gehören sämtlich der Zeit
vor 170 vor Chr. an.

3. Einige von den Priestern, deren Statuen von
Phyles gefertigt sind, tragen in der jüngerrhodischen Weise
Namen sowohl des Vaters wie des Adoptivvaters. Wenn
Astrid Wentzel mit ihrer (im Hermes LXV, S. 173, neulich
ausgesprochenen) Ansicht Recht behält, sind diese Priester
kaum hoch ins 3. Jahrhundert hinaufzurücken. Nach der
Form der Signatur dürfen sie andererseits gegen das Ende
der Tätigkeit des Phyles anzusetzen sein.

Daß der zu Delos durch eine Statue des Phyles ge-
ehrte *Ἀγαθόστρατος Πολυαράτου* (Syll.[3] Nr. 455) mit dem
literarisch bekannten Admiral identisch ist, wird ja durch
die von Kinch veröffentlichte Inschrift bewiesen.' —

Lassen wir zum Schluß noch einmal die überirdisch
schöne Gestalt der hohen Samothrakierin vor unser geistiges
Auge treten, so wie wir nun wissen, daß sie hoch oben sieghaft auf ihrer Prora stand.

Gemahnt uns dies ragende Mal nicht auch an die eigene
Zeit, an die augenblickliche Lage in Österreich? — das einst
mächtige und stolze Schiff des Staates als Ganzes verloren,

nur der vorderste, wichtigste Teil noch vorhanden, die
deutsche Spitze. Aber auch sie der einstigen Hoheitszeichen
beraubt.

Harren wir zuversichtlich der Zeit, da einmal wieder
wie ein geflügelter Bote des Himmels der Genius einer
glücklicheren Periode auf das so hart mitgenommene Deck
dieses ehrwürdigen, uns allen so teuren Schiffes sich herab-
lassen wird, um auf ihm Fuß zu fassen zu neuem Aufstieg,
‚sich wie ein Vogel dem Sturm entgegenwerfend‘.[116] Sollte
es dann nicht möglich sein, archäologisch aufzunehmen, was
vorerst leider so aussichtslos erscheint, — wieder anzu-
knüpfen an die große Zeit der österreichischen Archäologie
unter Conze und Benndorf, und die jungen Kräfte der Zukunft in den Dienst der Fortsetzung ihrer vorbildlich ge-
leisteten Arbeit zu stellen? Wenn ja, dann hat diese jetzige
Anregung ‚Pro Samothrake‘ ihr vielleicht fernes, aber nur
zu berechtigtes und nicht nur für Österreichs Archäologie
in hohem Maße wünschenswertes Ziel erreicht!

## Nachträge.

**Zu S. 3.** Nur eine Anmerkung (S. 348) des von
A. Salač in dem von der Tschechoslowakischen Universität
Prag (B. Hrozny) herausgegebenem Orientalischen Archiv I,
1929 veröffentlichten Aufsatzes ‚Griechen und Hethiter‘ ver-
rät, daß die tschechoslowakisch-französische Unternehmung
schon nach der Kampagne des Jahres 1927 wieder abgeschlossen worden ist, nachdem sie auch unter dem alten
Tempel auf der vergeblichen Suche nach vorgriechischen,
‚phönikischen‘ Resten gegraben hatte. — Den Hinweis verdanke ich Otto Kern, der ebenso wie Walter Otto in

---

[116] Nach dem schönen auf die Nike von Samothrake bezogenen Ver-
gleich Ed. Schmidts, Jahrb. d. Inst. XLIII, 1928, 280.

München auch die große Freundlichkeit hatte, die erste
Korrektur meiner Druckbogen mitzulesen. Für die zweite
Korrektur hat mein Göttinger Kollege Kurt Müller mir
den gleichen gütigen Dienst erwiesen.

**Zu S. 7, Anm.** Der Befund im hellenistischen Mysterien-
tempel von Samothrake hinten in der Apsis ist heute noch
rätselhaft. Wenn man sich bei der Ausgrabung auch über
die Deutung der vorgefundenen Reste nicht klar war, so
gibt doch deren Beschreibung (Unters. I, 13 und 59 ff.) ein
ganz klares Bild dessen, was gefunden wurde. Es liegen
zwei Öffnungen hintereinander, beide genau in der Längs-
achse der Zella: eine kleine, etwa halbkreisförmige, mit
einem Falzdeckel einst verschließbar und dahinter eine
große, weite Öffnung, von deren senkrecht aufsteigender
Einfassung an den Seiten nur noch ein Rest der einst
irgendwie verkleideten Kernpartie erhalten ist. Hauser
schloß aus verschiedenen Anzeichen, daß dieser Aufbau in
der Mitte — den er sich auf Grund eines dorischen Ge-
bälkstücks von kleinen Abmessungen (II, 28) als eine
Ädikula dachte — auch über den vorderen Lochstein z. T.
hinübergegriffen habe. Sollte hier ein grottenartiger Aufbau, eine künstliche Höhle gestanden haben, wie sie auf ge-
wissen Vasenbildern, z. B. mit der Geburt des Jakchoskindes
oder der Anodos der Kora (Furtwängler-Reichhold, Tafel 70
oder Mon. d. Inst. XII, 4) zu sehen ist? Und hat die
Rundung solcher Höhle vielleicht die weiter gespannte
Rundung der Apsis erst hervorgerufen? Doch kaum, da man
den Apsisbogen als das Relikt einer älteren Bauweise wird
auffassen dürfen, besonders nach dem erhaltenen Rest einer
solch gebogenen Mauer auch im ältesten Kabirentempel bei
Theben (Ath. Mitt. 1888, Taf. 3). Sehr auffallend ist jedenfalls, daß, von einem dürftigen Skyphos (Unters. II, 13)
abgesehen, gar keine Opferreste gefunden worden sind in
diesen Löchern, die man bei einem rituellen Bothros doch
in Massen hätte erwarten müssen. Auch bei den beiden
Opfergruben des älteren Tempels der großen Götter in
Samothrake wurden keine Opferreste gefunden (Unters. II,

15/16). Es scheinen solche Bothroi überhaupt nicht im Innern bedeckter Räume, sondern stets im Freien angelegt worden zu sein, aus, wie schon wiederholt bemerkt, nahe liegenden Gründen: des üblen Geruches der versenkten Opfergaben wegen. So liegt die verschließbare Doppelgrube des Kabirions bei Theben in einem unbedeckten Hofraum hinter der Tempelzella (Ath. Mitt. 1888, 95), im Demeter-Heiligtum von Priene außen vor dem gedeckten Kultraum (Schrader, Priene 154/55); beim Delekli-Tasch geht der Opferschacht von der freiliegenden Spitze des Felsens oben hinter der Kultnische herunter (Ath. Mitt. 1898, 99 ff.).

Wie verwandt würde durch einen künstlichen Grotteneinbau die nach außen hin so verschlossene [117] samothrakische Tempelanlage den Mithräen [118] mit ihrer konstanten Darstellung einer Felshöhle (ἄντρον, σπήλαιον) am mehr oder weniger apsidenartig geformten Ende ihres stets gleichfalls dreischiffig gegliederten langen Kultraums! Etwas Ähnliches könnte es auch hier in Samothrake gegeben haben: hinten in der Mittelachse des Ganzen zunächst ein verschließbarer Zugang zum Innern der Erde — wenn für Opfer, so höchstens für Blutgüsse — und dahinter von einer Grottennische rund umfaßt die Kultgruppe, — etwa wie in Lourdes? Das sicher aus dem Osten über Venedig nach Berlin gelangte Votivrelief, Beschr. d. Skulpt. Nr. 690 (besser abgebildet jetzt bei J. Leipoldt, Die Religionen in der Umwelt des Urchristentums Nr. 143), zeigt etwas derartiges: in einer Felsgrotte eine chthonische Göttin mit Kultbild, Fackeln und Hund und neben ihr als Oinochoos ‚Kadmilos', oben auf der Decke der Höhle Pan mit Widdern und Hunden und eine Acheloos-Maske. Die nächste Analogie wäre natürlich Kybele in ihrem Felsgehäuse, die ja regional ungefähr in der gleichen Vorstellungswelt wurzelt.

---

[117] Die von Hauser gezeichneten seitlichen Türen (II, 29) sind von ihm ausdrücklich als nur hypothetisch bezeichnet.

[118] Schon Conze (Unters. S. 31) hat sich durch die Dreischiffigkeit der Anlage an diese erinnert gefühlt.

**Zu S. 17.** Zur un- und vorgriechischen Nekropole auf Lemnos müssen erst noch weitere Funde und Untersuchungen abgewartet werden. Während die englischen Forscher (J. H. S. XLVII [1927] 259 und XLVIII [1928] 191/2) auf Grund eingehenderer Mitteilungen von della Seta diese schlichten Brandgräber der pelasgisch-tyrrhenischen Bevölkerung zuschreiben, glaubt Fr. Schachermeyer a. a. O. S. 98 und S. 272, Anm. 3, sie dem von den Tyrrhenern unterdrückten balkanischen Stamm der Sintier zuweisen zu sollen. Die Grabbeigaben enthalten auffallend viel mykenische Reminiszenzen und scheinen dem 9. bis 7. Jahrhundert vor Chr. anzugehören.

**Zu S. 18.** Genau soweit abseits vom städtischen Getriebe in der Stille der freien Natur und unmittelbar an rauschenden Bächen ist ja auch das berühmte Asklepieion bei Pergamon gelegen. Ein Umstand, der dafür sprechen könnte, daß der für Pergamon mehrfach bezeugte Kult der Kabiren vielleicht in ältester Zeit eben dort seine Stätte hatte, wo er dann von dem hellenischen Heilgott erst verdrängt worden wäre. Vgl. Paus. I, 4, 6 und Aristides' (II, 469 Keil) Panegyrikos ἐπὶ τῷ ὕδατι ἐν Περγάμῳ, dazu O. Kern bei P. W. X, 1405/6.

**Zu S. 36.** Der auf der bekannten Münzprägung des Antigonos Gonatas auf der Prora sitzende unbekleidete schlanke Apollon mit dem Bogen in der Rechten scheint darauf hinzuweisen, daß eine solche Figur auch auf dem Schiffe selber saß, nachdem es der König auf Delos geweiht hatte. Dies legt die elegante Bronzestatuette nahe, welche B. Filow im Bulletin des l'Institut Archéol. Bulgare I (1921/22), pl. 3 veröffentlicht hat. Nur in unwesentlichen Zügen etwas verändert läßt die Statuette das Vorbild noch deutlich erkennen. Filow meinte (p. 20) vorsichtig, irgendein Zusammenhang mit der Nike von Samothrake müsse hier bestehen. Ich möchte vermuten, daß in der Tat ein Apollon in solcher Haltung, ebenso wie die Nike, als Bronzeguß dem originalen Flaggschiff des Antigonos in der langen ‚Stierhalle' aufgesetzt gewesen ist. — Die verkleinerte Kopie einer

Porträtstatue des Antigonos Gonatas selbst sehe ich in der
bekannten Bronzestatuette in Neapel: Arndt-Bruckmann, Gr.
u. Röm. Porträts, Tafel 355/56. Der Kopf zeigt nicht Stier-
hörner, wie irrig angenommen wird, sondern deutlich Bocks-
hörnchen, so wie der Porträtkopf des Königs auf seinen
Tetradrachmen, die ihn als Pan darstellen; z. B. auf der
Titeltafel zu Tarn, Antigonos Gonatas. Panartig ist auch
die alarmierende, impulsive Haltung mit dem selbstbewußt
hochaufgesetzten rechten Fuß. Ich hoffe an anderer Stelle
eingehender darauf zurückkommen zu können.

**Zu S. 37.** Vgl. auch die Draufsicht der kleinen Marmor-
prora eines hellenistischen Grabmals auf Rhenaia, die —
knapp 1 m lang — Cockerell schon im Jahre 1810 gezeichnet
und vermessen hat: Rev. arch. 1912, I, p. 307—310.

**Zu S. 44 und 45.** Auch der neue, an wichtigen Auf-
schlüssen so reiche Aufsatz von R. V a l l o i s ‚Topographie
Délienne II‘ in B. C. H. 1929, 185 ff., in welchem (p. 189, 2)
die ‚Stierhalle‘ ohne weiteres dem ‚Python‘ gleichgesetzt
wird, kann mich von der Richtigkeit dieser Auffassung nicht
überzeugen. Dagegen bestätigt diese neue Darlegung meine
im Stillen gehegte Vermutung, daß im Tempel des ‚Dodekatheon‘ eine Stiftung der beiden makedonischen Könige
Demetrios und Antigonos wiedergefunden ist. Das Asklepieion, das Homolle hier sehen wollte, ist ja nun an ganz
anderer Stelle, an der Bucht von Phurni, zutage gekommen
(p. 189—191). Vallois selbst betont die vollständige Über-
einstimmung in Stil und Technik zwischen dem Tempel
des Dodekatheon und der ‚Stierhalle‘, ebenso die Gleich-
zeitigkeit der beiden gleich großen Postamente, welche in
einiger Entfernung vor der Front des Tempels den ‚apollinischen‘ Altar seitlich flankieren. Aus diesem Befund,
der mir die Erbauung der ‚Stierhalle‘ durch Antigonos
Gonatas geradezu zu sichern scheint, wie aus der von Vallois
festgestellten Tatsache, daß weder die beiden Statuenposta-
mente im Inneren der Zella noch die beiden ebengenannten
symmetrischen Sockel rechts und links vom Altar genau
gleichzeitig, vielmehr — ganz wie die beiden für Vater und

Sohn gestifteten Feste (Antigoneia 314, Demetrieia 306) —
bald hintereinander gesetzt worden sind, — daraus lassen
sich, wie mir scheint, noch andere Schlüsse ziehen. Gerade
die makedonischen Könige haben bei außerordentlichen
feierlichen Anlässen, nach Erreichung eines großen Zieles
der 12 olympischen Götter besonders gedacht. So Alexanders
Vater Philipp, als er bei dem prunkvollen Hochzeitsfest
seiner Tochter eine Pompe der 12 Götter aufführen ließ
(Diod. XVI, 92), und Alexander der Große selbst, als er mit
seinem Heere den äußersten Punkt seines weiten Eroberungs-
zuges am Indus erreicht hatte (Diod. XVII, 95). Und wie
schon König Philipp in echt makedonisch hochgreifender
‚superbitas‘ [119] jener Pompe in seiner Hauptstadt sein
eigenes Bild hinzufügen ließ (σὺν δὲ τούτοις [τοῖς δώδεκα θεοῖς] αὐτοῦ τοῦ Φιλίππου τρισκαιδέκατον ἐπόμπευε
θεοπρεπὲς εἴδωλον, σύνθρονον ἑαυτὸν ἀποδεικνύντος τοῦ
βασιλέως τοῖς δώδεκα θεοῖς), so scheint auch auf
Delos das Dodekatheon alsbald den Kult und die Statuen
der beiden makedonischen Könige in sich aufgenommen zu
haben. Vallois hat ja gleichfalls (p. 249) schon vermutet,
daß die beiden Fürsten an der Stiftung und Erbauung dieses
Tempels ganz unmittelbar beteiligt waren. Ich vermute
weiter, daß die Statuen der beiden Fürsten ebenso auf den
beiden Sockeln in der Zella wie — sei es als Reiter nach
Vallois Annahme, sei es irgendwie sonst — auf jenen beiden
Postamenten neben dem Altar standen. Von den Tempel-
statuen stammen wahrscheinlich die mitgefundenen Reste
kolossaler Skulptur: der schöne, feurige, lockige Jünglings-
kopf mit der leicht auf dem Haar aufliegenden Königs-
binde — ganz sicher kein unbärtiger Asklepios, wie Leroux
C. R. A. I., 1907, 345 (Abb. p. 343) meinte, auch nicht
Apollon, wie Vallois (p. 240) vorschlägt, sondern in
idealisierender Heroisierung der göttergleiche, schöne
Demetrios. [120] Die Schenkelfragmente mit dem Gewande

---

[119] Vgl. Newell a. a. O. p. 87.
[120] Vgl. die ebenfalls idealisierten Porträtzüge auf der Prägung von
Amphipolis bei Newell, a. a. O., besonders pl. 10—13 und die schöne,

könnten, wenn nicht von der gleichen Statue, so von der des
Antigonos herrühren. Hier wird auch der βωμὸς τῶν βασιλέων,[121]
neben dem (I. G. XI, 4, 1036) die Festurkunde auch stand,
zu suchen sein. Wenn irgendein Heiligtum auf Delos, so
muß dieses mit den beiden ein Jahrhundert lang gefeierten
makedonischen Königsfesten [122] in Verbindung stehen.

**Zur S. 54 oben.** Zur Prora mit einer siegverheißenden,
krönenden Gestalt als einem Rhodos besonders gelegenen
Motiv sei noch erinnert an die Münzen von Phaselis im
2. und 1. Jahrhundert vor Chr.: Cat. of Coins, Lycia pl.
XVI, 12—13; XVII, 3 und Newell a. a. O. pl. XVIII, 8.
Phaselis ist eine Gründung des rhodischen Lindos, und so
erscheint außer der Nike auch die Gestalt der lindischen
Athena selbst oder doch das Käuzchen ihrer heimischen
Akropolis auf diesen Prägungen. Und auch da steht die
Göttin hoch oben auf dem flachen Dach des Keleustes-
Häuschens.

Wie mir kürzlich E. Michon versicherte, hat man
auch im Louvre die mangelhafte Zusammensetzung der
samothrakischen Prora erkannt, d. h. sich von dem Fehlen
eben des entsprechenden Häuschens überzeugt. Dies Fehlen
hat zur Folge, daß die Nike, von unten gesehen, durch den
vor ihr emporragenden Schiffsschnabel zu sehr verdeckt wird.
Man geht in Paris daher jetzt mit dem Gedanken um, diesen
Übelstand endlich zu beseitigen durch Einfügung eben jenes
noch nicht wieder rekonstruierten obersten Standortes der
Nike, wodurch das Siegesmal erst seine volle ursprüngliche
Höhe wieder erreichen wird.

---

seltene Goldprägung, auf die K. Regling, Amtl. Ber. aus d. kgl.
Kunstsammlungen Berlin XXXII (1910/11), S. 151 (mit Abb. 92)
hingewiesen hat.

[121] Vallois p. 249 scheint ihn mit dem von ihm der apollinischen Trias
zugewiesenen Altar identifizieren zu wollen.

[122] Vgl. Dürrbach, B. C. H. XXXI, 1907, 208 ff.

Ebenfalls im SEVERUS Verlag erhältlich:

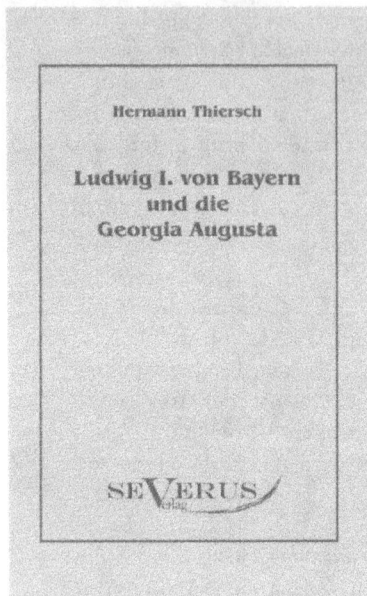

Hermann Thiersch
**Ludwig I. von Bayern und die Georgia Augusta**
SEVERUS 2010 / 160 S./ 24,50 Euro
ISBN 978-3-942382-46-5

Mit der vorliegenden Abhandlung widmet sich Hermann Thiersch der Studienzeit Ludwigs I. und zeigt bedeutende Einflüsse auf, die den nachmaligen König von Bayern entscheidend geprägt haben, als er mit 17 Jahren an die Universität Göttingen wechselte, um seine Ausbildung zu vollenden.

Thiersch gewährt überdies bedeutende Einblicke in die Geschichte der Georgia Augusta und zeigt ihr außerordentliches Ansehen Ende des 18. und zu Beginn des 19. Jahrhunderts als wissenschaftlicher Mittelpunkt Deutschlands.

Hermann Thiersch (geboren am 12.01.1874 in München; gestorben am 05.06.1939 in Göttingen) war ein bedeutender klassischer Archäologe und in den Jahren 1925/1926 Rektor der Universität Göttingen.

www.severus-verlag.de

Ebenfalls im SEVERUS Verlag erhältlich:

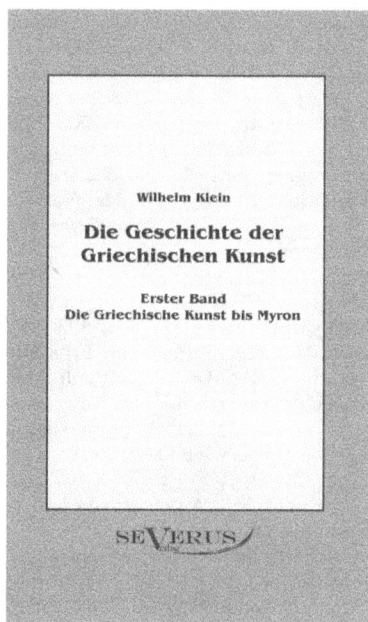

Wilhelm Klein
**Die Geschichte der Griechischen Kunst**
Erster Band
Die Griechische Kunst bis Myron
SEVERUS 2011 / 488 S./ 59,50 Euro
ISBN 978-3-86347-028-9

Wilhelm Klein

**Die Geschichte der Griechischen Kunst**

Erster Band
Die Griechische Kunst bis Myron

SEVERUS

Klein beginnt in diesem ersten Band seiner „Geschichte der Griechischen Kunst" mit der mykenischen Kultur der späten ägäischen Bronzezeit vor der Rezeption des Mythos und mit den ältesten mythischen Darstellungen bis zum Beginn der Marmorplastik. Er wendet sich der Zeit der Tyrannis zur Wende des 6. Jahrhunderts zu und befasst sich mit der attischen Kunst bis zu den Perserkriegen sowie mit den Bildhauern der Generation vor Phidias. Die Malerei des Polygnot und der Zeustempel von Olympia bilden den Abschluss dieses ersten Bandes.

Der 1850 geborene Wilhelm Klein war ein österreichischer Archäologe und Philologe. Nach seiner Promotion 1875 unternahm er mehrere Studienreisen – insbesondere nach Griechenland und Italien. 1892 bekam er die Professur für Klassische Archäologie an der Karl-Ferdinands-Universität in Prag. Er war Mitbegründer der „Gesellschaft zur Förderung deutscher Wissenschaft, Kunst und Literatur".

www.severus-verlag.de

# SEVERUS verlag

**www.severus-verlag.de**

1914. * **Rohr, Moritz von** Joseph Fraunhofers Leben, Leistungen und Wirksamkeit * **Rubinstein, Susanna** Ein individualistischer Pessimist: Beitrag zur Würdigung Philipp Mainländers * Eine Trias von Willensmetaphysikern: Populär-philosophische Essays * **Sachs, Eva** Die fünf platonischen Körper: Zur Geschichte der Mathematik und der Elementenlehre Platons und der Pythagoreer * **Scheidemann, Philipp** Memoiren eines Sozialdemokraten, Erster Band * Memoiren eines Sozialdemokraten, Zweiter Band * **Schweitzer, Christoph** Reise nach Java und Ceylon (1675-1682). Reisebeschreibungen von deutschen Beamten und Kriegsleuten im Dienst der niederländischen West- und Ostindischen Kompagnien 1602 - 1797. * **Stein, Heinrich von** Giordano Bruno. Gedanken über seine Lehre und sein Leben * **Strache, Hans** Der Eklektizismus des Antiochus von Askalon * **Thiersch, Hermann** Ludwig I von Bayern und die Georgia Augusta * **Tyndall, John** Die Wärme betrachtet als eine Art der Bewegung, Bd. 1 * Die Wärme betrachtet als eine Art der Bewegung, Bd. 2 * **Virchow, Rudolf** Vier Reden über Leben und Kranksein * **Wecklein, Nikolaus** Textkritische Studien zu den griechischen Tragikern * **Weinhold, Karl** Die heidnische Totenbestattung in Deutschland * **Wernher, Adolf** Die Bestattung der Toten in Bezug auf Hygiene, geschichtliche Entwicklung und gesetzliche Bestimmungen * **Weygandt, Wilhelm** Abnorme Charaktere in der dramatischen Literatur. Shakespeare - Goethe - Ibsen - Gerhart Hauptmann * **Wlassak, Moriz** Zum römischen Provinzialprozeß * **Wulffen, Erich** Kriminalpädagogik: Ein Erziehungsbuch * **Wundt, Wilhelm** Reden und Aufsätze * **Zoozmann, Richard** Hans Sachs und die Reformation - In Gedichten und Prosastücken, Reihe ReligioSus Band III